KB139377

존재하지 않는 것들의 세계사

인류를 바꾼 98가지 신화 이야기

존재하지 않는 것들의 ——
세계사

양승욱 지음

MYTHOLOGY

탐나는책

존재하지 않는 것들의
창조적인 여정

고대인들이 불 주위에 둘러앉아 나누던 이야기가 오랜 세월 전 승되면서 신화가 되었다. 구전되어 온 신화는 문자가 발명되면서 기록되었고, 연극과 시, 소설, 음악, 미술 등 새로운 방식으로 활용되었다.

고대 수메르 신화를 비롯해 이집트 신화, 인도 신화, 그리스 로마 신화, 북유럽 신화, 중국 신화, 단군 신화에 이르기까지 신화는 인간의 문화에 엄청난 영향을 끼쳤다. 모든 신화는 우주와 인류의 창조, 신과 영웅, 정령들의 본성, 세계의 종말, 그리고 사후 세계를 다룬다. 또한 신화는 사랑과 질투, 전쟁과 평화, 선과 악, 삶과 죽음을 이야기한다.

신화는 사람의 이동 경로를 따라 산을 타고 강을 건너며, 바다 넘어 먼 지역까지 퍼져나갔고, 그 과정에서 이야기는 끝없이 확장되고 변형되었다. 세월이 흐르면서 인간의 문명은 발전해 나갔고 신화는 전설이 되고, 전설은 민담이 되었다. 민담은 상인과 순례자, 여행객을 통해서 다시 수많은 이야기를 만들었다. 서양 문학의 뿌리인 호메로스의 《오디세이아》부터 오비디우스의 《변신이야기》, 설화집 《아라비안나이트》, 셰익스피어의 《한여름 밤의 꿈》, 바그너의 악극 〈니벨룽겐의 반지〉, 푸시킨의 《루살카》, 예이츠의 《정령과 꼽추》, 톨킨의 《반지의 제왕》과 롤링의 《해리포터》 시리즈에 이르기까지 무수히 많은 작품이 신화의 영향을 받았다.

모든 신화는 우주와 신, 그리고 인간에 관해서 이야기한다. 신과 인간 영웅이 신화의 주연이라면 정령은 조연이다. 그들은 인간과 신의 중간적인 존재로서, 때로는 하급 신으로 숭배받기도 하고 신의 명령에 따라 임무를 수행하기도 한다. 이러한 정령들은 세계 여러 나라의 신화와 전설, 민담에 자주 등장하는데 그 수는 헤아릴 수 없을 만큼 많다.

고대인들은 산과 숲, 들, 계곡, 호수, 강, 그리고 바다에 각기 고유한 정령이 있다고 믿었다. 이러한 정령은 대부분 자연을 형상화하거나 의인화된 존재들이다. 그들은 인간이 가질 수 없는 신비한 능력을 갖추고 있다. 영원히 죽지 않거나 인간보다 오래 살며, 인간의 의학으로 치료할 수 없는 질병도 쉽게 치료했다. 몸 크기를 마음대로 늘리거나 줄였고, 자신의 모습을 다양하게 바꿀 수도 있었다. 폭풍우를 부르고 홍수를 나게 하며 계절을 바꾸고, 하늘과 물속을 자유롭게 왕래했다. 눈 깜짝할 사이에 거대한 성을 옮기고 인간의 미래를 예언하기도 했다. 그리고 인간에게 저주를 내리거나 행운을 줄 수도 있었다.

정령은 인간이 꿈도 꿀 수 없는 불가능한 일을 가능하게 만든다. 인간은 그 능력을 두려워했다. 먼 길을 떠나는 나그네는 사막에서 라미아를 만나지 않도록 기도했고, 밤을 지새울 낡은 성에 찾아 든 여행자는 잔인한 레드캡을 경계해야 했다. 나무꾼과 사냥꾼은 숲의 파수꾼 레쉬의 눈치를 살펴야 했다.

항해를 나서는 뱃사람이라면 세이렌이나 스킬라를 피해야만했다. 하지만 모든 정령이 인간을 해치거나 피해를 주는 존재는 아니다. 간다르바는 결혼과 출산의 수호 요정으로 인간을 도왔고, 글루아가호는 진실하고 선한 사람을 찾아다니며 행운을 선물했다. 노크와 코블리노는 광부들에게 금맥의 위치를 알려주거나 위험을 경고하기도 했다.

브라우니와 코볼트, 니세는 사람의 집안일을 도왔고, 올레르게이와 잔트만은 아이들에게 달콤한 꿈과 잠을 선물했다. 운디네와닉스, 루살카 등은 종종 인간과 사랑에 빠지기도 했다. 비록 정령과의 사랑은 비극으로 끝나는 경우가 많았지만, 인간과 정령은 매우 가까운 거리에 있었다. 하지만 과학 문명이 눈부시게 발전하면서 그들은 인간과 점점 거리가 멀어져 갔다.

신의 영역인 인간 복제도 가능하다고 여겨지는 오늘날, 사람들은 더는 정령의 존재를 믿지 않는다. 과학은 하늘을 나는 꿈을 넘어서 우주탐사 시대를 열었다. 인간에게 불가능하다고 여겨지던 정령의 능력도 상당 부분 과학의 힘으로 얻을 수 있게 되었다. 정령들은 이제 신화와 전설 속에 깊이 잠들어 버렸다. 하지만 그들이 우리의 관심 밖으로 완전히 사라진 것은 아니다. 우리에게 여전히 신비롭고 매력적인 존재들이다.

소설가들은 작품 속에 정령을 살아 숨 쉬게 하고, 화가는 정령의 모습을 화폭에 담는다. 시인은 정령의 삶을 노래하고 음악가는 이야기를 선율에 싣는다. 영화와 게임, 소설, 만화 속에서 정령은 아직도 우리에게 자신의 존재를 알리고 있다. 그 속에서 우리에게 두려움에서 벗어날 용기와 자신감을 주고, 삶의 지혜를 깨우치게 하며, 무한한 상상력을 자극해 과학과 예술에 대한 영감을 불러일으킨다.

《보물섬》을 쓴 영국 소설가 로버트 루이스 스티븐슨은 꿈속에 브라우니가 나타나 환상적인 주제를 알려주었다고 말했다. 지킬박사가 악마 같은 하이드로 변하는 《지킬 박사와 하이드》도 브라우니에게서 얻은 영감으로 쓸 수 있었다고 한다.

이 책은 소설가와 시나리오 작가, 만화가, 작곡가, 디자이너를 지망하는 모든 예비 창작자를 위한 참고서이다. 문학, 미술, 음악, 게임, 영화 등 분야는 달라도 창작의 세계에 도전하고 싶다면, 특히 판타지 작품을 쓰고 싶다면 이 책이 훌륭한 가이드가 되어줄 것이다.

창작의 세계에 도전하는 모든 이에게 행운이 있기를 소망한다.

양승욱(신화 연구가)

· 차례

4부 보이지 않는 이웃

5부 물리와 마법의 경계에서

1부

생명의
파수꾼들

MYTHOLOGY

Gandharva

간다르바

인도 요정 간다르바는 전설 속 '월카샤 바다'에서 살았다. 반인반조
로 하늘을 자유롭게 날아다니고, 여러 모습으로 변신할 수도 있다.
술과 고기를 먹지 않으며 향만 먹고 살기 때문에 몸에서 향기가 났
다. 남성이어서 천계의 무희 아프사라스와 연애하고 결혼했다. 성
격은 매우 쾌활하고 자유분방하지만 애정 관계에서만큼은 유독 질
투가 심했다.

간다르바가 하는 일은 매우 다양했다. 그는 음악의 신 긴나라
Kinnara와 함께 제석천을 모셨고, 천계의 악사로서 신을 위해 곡을
연주했다. 또 별자리를 관리했고 태양신의 마차를 몰았으며 소마
Soma(마신 자에게 영원한 생명을 부여하는 신들의 음료)를 지켰다.

간다르바는 결혼과 출산, 아이의 수호신이기도 했다. 그는 결혼식에서 신부를 지켰고, 출산 때는 악마로부터 산모와 태어난 아기를 보호해 주었다. 하지만 가끔 사람에게 장난을 치는 경우도 있었다.

후세에는 천룡팔부(불법을 지키는, 신의 병사들을 거느리는 장수들로 천, 용, 야차, 건달바, 아수라, 가루라, 긴나라, 마후라가의 팔 신을 말한다) 중 하나로서 불법의 수호자가 되었다. 한편 페르시아 신화에서는 한꺼번에 사람을 12명이나 잡아먹는 무시무시한 괴물로 등장한다. 불전에서는 건달바로 음역되는데 우리나라의 '건달'이라는 단어도 이 말에서 나온 것으로 추측된다.

Green Man

그린맨

그린맨은 숲의 나무와 생명체를 지키는 수호 요정이다. 몸통은 나무줄기이고 팔은 잎사귀가 무성한 나뭇가지이며 발은 뿌리이다. 겉모습은 다른 나무와 별반 다를 바가 없다. 그러나 사람처럼 걸을 수 있어서 원하는 곳으로 자유롭게 이동한다.

그린맨은 자연을 상징한다. 자연의 힘과 아름다움을 나타낸다고 볼 수 있다. 숲과 자연을 지키는 파수꾼으로 사람들이 눈치채지 못하게 숲을 살피며 돌아다닌다. 숲을 파괴하는 침입자를 발견하면 큰 나무가 잘리는 소리, 가지가 부러지는 소리, 나뭇잎이 바스락거리는 소리로 위협해 숲에서 쫓아낸다. 사람들은 숲의 신성함과 위험성을 알았기에 함부로 숲에 들어가지 않았다. 땔감과 목재

를 얻기 위해서 나무를 벨 때도 숲의 파수꾼에 대한 경외심과 두려움을 가졌다.

그린맨은 영화 《반지의 제왕》에서 악의 화신 사우론에 맞서 싸운 엔트와 같은 종족으로 여겨진다. 영국의 중세 고딕양식의 교회와 성곽에서 그린맨의 모습을 발견할 수 있다. 또한 교회 안의 수많은 조각에는 그린맨의 머리가 새겨져 있다.

루마니아에도 그린맨과 비슷한 숲의 정령이 있다. '숲 할망구', '숲의 엄마'라는 뜻의 이름을 가진 무마파두리Muma Pădurii이다. 원래 모습은 앙상한 가지가 엉켜 있는 고목과 비슷하지만 주로 추악하게 생긴 늙은 여성의 모습으로 등장한다. 하지만 변신 능력이 있어서 자주 모습을 바꾸기 때문에 진짜 모습을 확인할 수는 없다. 때로는 소녀의 모습으로, 때로는 수녀의 모습으로 나타난다. 심지어 숲속에 사는 다양한 짐승과 새, 곤충으로 변신하기도 한다.

무마파두리는 원래 숲과 그곳을 터전으로 살아가는 생명체를 지키고 사람을 도와주는 착한 정령이었다. 하지만 사람들이 숲을 파괴하고 생명체를 마구 해치면서 성격이 난폭해졌다. 처음에는 숲에 들어온 침입자들을 겁을 주어 쫓아냈지만, 나중에는 죽이거나 잡아먹는 무서운 악령으로 변해버렸다.

무마파두리는 사람의 발길이 닿지 않는 숲속 가장 깊은 곳에 속이 텅 빈 고목으로 집을 짓고 살아간다. 그 집에서 많은 자식을 기르며 산다. 자식들은 항상 말썽을 피우며 숲을 어지럽힌다. 그래서 무마파두리는 그들을 오래 재우기 위해 인간 아이의 잠을 훔쳐온다. 때로 아이를 잡아가기도 하는데 대부분 부모가 없는 집에서 혼자 사는 아이가 그 대상이다. 하지만 부정적인 이야기만 전해지는 것은 아니다. 일부 지역에서는 숲에서 길을 잃은 아이를 집으로 돌아가도록 도와주었다는 이야기도 전해진다.

고대부터 지금까지 루마니아 사람들은 자신들을 '숲의 형제'라고 칭하며, 숲에 대한 애정을 가지고 살아왔다. 그들에게 많은 혜택을 베풀어준 숲은 항상 경외의 대상이었고, 숲을 지키는 무마파두리는 신망의 대상이었다.

Knocker

노커

～⚬⚬⚬～

영국의 노커는 광산의 수호 요정이다. 고블린의 일종으로 영국의 콘월 지방 광산에 산다. 사람들에게 좀처럼 모습을 드러내지 않지만, 사람들과 사이가 좋다. 광부들이 광산에서 일할 때 노크 소리로 위험을 알려주거나 광맥을 가르쳐준다. 그래서 노커가 내는 소리를 알아채는 전문가가 등장하기도 했다.

노커는 인간에게 자신의 모습을 보이기 싫어한다. 그래서 인간이 자기 모습을 훔쳐보면 크게 화를 낸다. 자기가 사는 광산에서 휘파람을 불거나 큰 소리로 욕하는 것도 싫어해 휘파람을 불거나 욕한 사람에게도 반드시 보복한다. 심하면 평생 다리를 쓰지 못하게 만들기도 한다.

Domovoï

도모보이

러시아의 도모보이는 가정집 벽난로 주변에 살면서 집을 지켜 주는 수호 요정이다(슬라브 사람들은 하늘에서 떨어진 천사가 요정으로 변한다고 믿었다. 산과 숲으로 떨어진 요정은 악령, 집 가까이 떨어진 요정은 수호 정령이 된다). 도모보이는 온몸이 비단처럼 하얀 털로 뒤덮여 있다. 충성심이 대단히 강하고, 말을 돌보거나 농사일을 돕는 등 집안일을 도맡았다. 주로 한밤중에 사람들의 눈에 띄지 않게 활동했다. 집주인들은 밤에 도모보이의 목소리를 들을 수 있었는데, 도모보이가 부드럽게 속삭이면 집안이 평화롭고 흐느끼면 불길한 일이 일어났다.

자기가 사는 집에 불이 나면 가족을 깨우고, 전염병이 돌 기미가 보이면 앓는 소리를 내며, 죽음을 경고하기 위해 서럽게 운다.

사람들은 집을 지켜주는 도모보이에게 존경의 마음을 담아 '할아버지'라고 불렀다. 하지만 집주인이 밤에 식사를 챙겨두지 않거나 모욕적인 행동을 하면, 그릇을 깨뜨리고 조리 도구를 부수는 등 부엌을 엉망으로 만들어놓았다. 심한 경우 집을 버리고 떠나버렸다.

도모보이는 인간에게 모습을 보이는 것을 무척 싫어했다. 실수든 고의든 도모보이의 모습을 보았다면 서둘러서 짐을 싸 이사해야 한다. 그렇지 않으면 불행한 일을 당한다. 도모보이의 아내는 도마니아 혹은 도모비하라고 부른다. 도모비하 역시 절대 사람 앞에 나타나거나 흔적을 남기지 않는다.

도모보이가 집이 아닌 정원의 뜰에 살게 되면, 그를 드보로보이라고 부른다. 드보로보이가 사람과 부딪칠 일은 별로 없지만, 기분이 나쁠 때는 흥분해 미친 듯이 날뛰며 폭주한다. 이때 하얀 동물의 모피를 던지면 괜찮아진다. 드물게 사람과 사랑에 빠지기도 한다.

Vannik

반니크

러시아 요정 반니크는 목욕탕과 사우나를 지키는 요정이다. 사람의 형태와 같으나 뜨거운 김 사이로 나타나기 때문에 확실한 모습은 알 수 없다. 공동으로 사용하는 넓은 목욕탕에 세 무리의 사람들이 차례로 욕실을 사용하고 나서 마지막으로 들어가는 것이 반니크이다.

반니크는 숲속에 사는 요정들을 초대해 함께 목욕하기를 좋아한다. 만약 훔쳐보거나, 자신들의 차례가 되도록 밤늦게까지 목욕하는 사람이 있으면 화를 낸다. 그런 사람을 보면 펄펄 끓는 물을 끼얹어 화상을 입히거나 목을 조른다. 심하게 화가 나면 자신이 지키던 목욕탕을 버리고 떠나버린다.

반니크는 사람의 미래를 예언하는 능력이 있다. 미래를 알고 싶은 사람은 문을 열고 목욕탕 쪽으로 등을 돌린 뒤 참을성 있게 기다리면 된다. 반니크가 등에 손바닥을 살짝 대면 행복한 미래가 기다리지만 손톱으로 찌르거나 할퀴면 불행한 미래가 기다린다는 뜻이다.

Banshee

반시

아일랜드 요정 반시는 인간의 죽음을 미리 알려준다. 여자라는 뜻 ban과 요정이라는 뜻 shee의 켈트어 합성어로 '여자 요정'을 의미한다. 얼굴은 송장처럼 시퍼렇고 주근깨가 많고, 눈은 새빨갛다. 녹색 앞니는 툭 튀어나왔고, 흰 머리는 땅에 끌릴 정도로 길다. 항상 녹색 옷에 회색 망토를 걸치고 다닌다.

전설에 따르면 반시는 사람을 보호해 주는 존재이다. 사람들을 지켜보면서 가족에게 불행이 닥치는 것을 미리 알려준다. 곧 죽을 사람의 집에 나타나 통곡하거나 박쥐 소리를 내며 지붕 위로 날아다닌다. 그런데 그 소리를 당사자는 못 듣고, 가족과 친구만 들을 수 있다. 시냇가에서 곧 죽을 사람의 옷을 빨래하기도 한다.

반시는 보통 혼자 다닌다. 그러나 위대한 인물의 죽음을 알릴 때는 여러 반시가 함께 울음소리를 낸다. 아주 드물지만 코치어바우 마차와 함께 나타날 때도 있다. 그 마차는 머리 없는 말들이 모는 '듈라한의 마차'이다. 그 마차가 지날 때 문을 열면 얼굴에 피를 한 바가지 뒤집어쓰게 된다.

유서 깊은 가문에는 특정 반시가 사는데, 그 집안의 사람 중 젊어서 죽은 딸의 화신이거나 아이를 밴 채 죽었거나 아이를 낳다가 죽은 여자의 유령이기도 하다. 한편 반시는 죽음뿐만 아니라 아기의 탄생도 알린다. 또 아기의 요람을 지켜보거나 사람에게 체스를 가르쳐준다. 그래서 사람들은 듈라한과 달리 반시에게 좋은 감정을 가지고 있다.

Apple-tree Man

애플트리 맨

영국의 사과나무 요정 애플트리 맨은 과수원의 가장 오래된 사과나무에 산다. 이 요정은 자신이 거주하는 과수원에 침입자가 나타나면 마법으로 쫓아낸다.

한 나무에 오래 살기 때문에 과수원의 모든 일을 자기 손바닥을 보듯 훤히 알고 있다. 동물의 말을 알아듣는 능력도 있다. 착한 사람이 어려움을 당하면 그냥 넘기지 못하고 도와준다. 그러나 사람 앞에 나타나지 않고 목소리만 들려준다. 어떤 착하고 성실한 농부에게 황금이 숨겨진 곳을 알려줘 부자로 만들어주었다는 이야기가 전해진다.

한국에도 옛날에는 마을 입구에 회화나무를 심어 동네의 수호

목으로 삼는 풍습이 있었다. 이 수호목은 잡귀를 막아주며 마을을 보호한다고 믿었다. 지금도 고궁에서 볼 수 있는 웅장한 나무는 대부분 이 회화나무이다. 애플트리 맨은 한국의 수호목과 비슷한 존재이다.

Ent

엔트

영국 요정 엔트는 숲에 살며 나무를 돌보는 숲의 수호신이다. 《반지의 제왕》에서 나무 모습의 거인 종족으로 등장한다. 영화에서는 정의의 편에 서서 악의 화신 사우론에 맞서 싸운다.

엔트는 사람처럼 숲속을 걸어 다니면서 나무에 일을 가르치고 나쁜 나무를 잠재운다. 또한 나무꾼이 나무를 베지 못하도록 숲을 지킨다. 나무에 해를 입히지 않으면 사람들을 해치지 않는다. 사람의 말을 할 수 있어서 사람과 대화도 가능하다. 나무를 찍는 도끼를 싫어해 도끼를 든 드워프도 싫어한다.

수명이 길어서 6천 살쯤 살며, 가족을 이루기도 한다. 엔트의 아내를 엔트와이프, 아이를 엔팅이라 부른다. 사촌으로는 애플트

리 맨과 그린맨이 있다. 늙은 엔트는 점점 잠이 많아지고 나중에는 정말 나무처럼 되어버린다. 나무로 변한 엔트를 '포른'이라고 한다.

Elder Mother

엘더 마더

영국 요정 엘더 마더는 오래된 나무에 사는 나무의 수호신이다. 나무를 지키고 보살피는 데 부모가 아기를 사랑하듯 지극정성을 다한다. 사람들은 숲에서 엘더베리를 딸 때 반드시 엘더 마더에게 먼저 허락을 받고는 했다. 또 땅을 일구어 밭을 만들 때도 늙은 나무 주변만은 남겨두었다. 그렇지 않으면 엘더 마더의 분노를 살 수 있기 때문이다.

엘더베리는 검은빛 열매를 가진 딸기류의 식물로, 꽃은 엘더플라워라고 부른다. 잼과 젤리, 와인을 만드는 데 주로 사용된다. 민간에서는 감기, 천식, 관절염 등 다양한 질병의 치료에 사용되었으며 '기적의 열매'로 불렸다. 유럽에서는 신사들이 엘더베리의 나무

를 지나갈 때마다 모자를 벗어 경의를 표했다고 한다. 의학의 아버지로 불리는 히포크라테스도 엘더베리를 '기적의 치료제'라고 부르며 효능을 높이 평가했다. 엘더베리를 소중하게 여기는 마음에서 엘더 마더에 대한 전설이 만들어진 것으로 여겨진다.

엘더 마더의 존재를 믿지 않고 겁 없이 엘더 마더가 사는 나무를 자르려 덤빈 사람은 혹독한 대가를 치렀다. 기르던 짐승이 질병으로 죽거나 심하면 당사자가 목숨을 잃기도 했다. 엘더 마더의 저주와 관련해서는 더비샤이어 가족의 이야기가 있다.

옛날에 더비샤이어 삼 형제가 살았다. 그들의 아버지는 1년에 한 번씩 엘더 마더에게 앵초꽃을 바치며 숭배했다. 아버지는 죽기 전 세 아들에게 엘더 마더를 섬기라는 유언을 남겼다. 그러나 첫째와 둘째 아들은 유언을 저버리고 아버지가 섬기던 나무를 자르려 했다. 그들은 아버지와 달리 요정의 존재를 믿지 않았기 때문이다. 그런데 나무를 자르려던 첫째와 둘째가 차례로 목숨을 잃고 말았다. 살아남은 셋째 아들만이 아버지처럼 엘더 마더에게 앵초꽃을 바치는 의식을 이어갔다. 그 후 후손들 역시 앵초꽃 바치는 것을 잊지 않았다.

Cailleac Bheur

카일레악 뷰어

영국 요정 카일레악 뷰어(아일랜드어로 늙은 아내라는 뜻)는 날씨를 조정하고 나무와 풀을 시들게 하며 동물을 부리고 물을 다스린다. 겨울의 요정이며 '푸른 마귀할멈'으로 불리기도 한다.

카일레악 뷰어는 스코틀랜드 고지대에 겨울을 불러온다. 봄에 돌로 변해 여름을 나고 겨울에 요정의 모습으로 돌아온다. 얼굴은 추위 때문에 새파랗고 머리카락은 서리가 내린 나뭇가지처럼 희다. 바짝 마른 어깨에 더러운 체크무늬 망토를 두른 노파의 모습을 하고 있다. 변신 능력이 있어서 돌과 거인으로도 변한다.

늦가을에 마법 지팡이를 들고 숲과 공원에서 어슬렁거린다. 그때 지팡이가 풀과 나무에 닿으면 풀잎은 시들고 나뭇잎은 떨어진

다. 겨울이 오면 카일레악 뷰어는 기운이 펄펄 솟는다. 왜가리들을 거느리고 이 산 저 산을 오가며 폭풍우와 눈보라를 대지에 마구 쏟아붓는다.

인간과 요정의 경계가 모호하던 시절이 지나고 인간의 문명이 고도로 발전하면서 요정들은 숲의 장막으로 숨어버렸다. 오늘날 요정의 모습은 어디에서도 찾아보기 어렵다. 그러나 이 겨울의 요정은 모습을 감춘 채 아직도 계절의 변화에 맞춰 세계 곳곳에서 폭풍우와 눈보라를 퍼붓고 있다.

카일레악 뷰어는 왜가리를 특별히 아꼈고 사슴과 멧돼지, 염소, 들소, 늑대 등 동물의 수호 요정이기도 하다. 그래서 동물들을 키우고 먹이며 사냥꾼으로부터 보호한다.

Cait Sith

캐트시

영국 요정 캐트시는 스코틀랜드의 높은 산악지대에 사는 고양이들의 수호 요정이다. 온몸이 검은색이며, 가슴에 하얀 털이 있다. 이 털은 요정이라는 표식이다. 캐트시의 눈동자는 짙은 녹색이고, 사람의 말을 알아듣고 대화를 나눌 수도 있다. 평소에 보통 고양이처럼 살지만 당황하면 사람의 말을 하거나 뒷다리로 일어서서 걷는다.

캐트시들은 자기들만의 왕국이 있는데, 궁전은 나무의 구멍이나 폐가에 있다. 인간처럼 계급사회를 이루며 살아간다. 캐트시 왕족은 몸을 황소만큼 크게 만들 수 있다.

모든 캐트시는 움직이는 기척을 없앨 수 있어서 어둠 속에서도

흔적 없이 이동한다. 성격이 온순해 사람에게 해를 끼치지 않는다. 그러나 학대를 받으면 학대한 사람을 캐트시 왕국으로 끌고 간다.

옛날 스코틀랜드를 여행하던 한 청년이 우연히 고양이 왕의 장례식을 치르는 광경을 목격했다. 고향으로 돌아온 청년은 그 사실을 친구들에게 이야기했다. 친구들은 그 말을 믿지 않았고 오히려 청년을 비웃었다. 그때 마침 검은 고양이가 지나가다가 청년의 말을 듣고 벌떡 일어서며 소리쳤다.

"고양이 왕의 장례식이라고! 그럼 아버지가 돌아가셨다는 말이야?"

검은 고양이는 흐느끼며 숲을 향해 쏜살같이 달려갔다. 그제야 친구들은 청년의 말을 믿게 되었다.

프랑스 작가 샤를 페로의《장화 신은 고양이》에서 캐트시는 꾀를 부려 주인을 돕는 고양이로 그려진다. 아일랜드의 민담에 따르면 오월제(켈트족의 축제) 전야에 고양이 왕이 주최하는 비밀 집회가 열린다. 집회에 참석한 고양이들은 인간 사회에서 보고 들은 정보와 비밀스러운 지식을 서로 교환한다.

Coblynau

코블리나우

영국 웨일스 지방의 요정 코블리나우는 광산에서 무리를 지어 산다. 고블린의 일종으로 키는 50센티미터 정도이고 머리가 크고 몸은 아주 작다. 항상 광부의 복장처럼 칙칙한 옷을 입고 다닌다.

코블리나우는 광산 요정 노커처럼 사람들이 있는 쪽 벽을 똑똑 두드리면서 광부들에게 자신의 존재를 알렸다. 또 그 소리는 주변에 질 좋은 광물이 매장된 위치를 알려주는 신호이기도 했다. 그뿐만 아니라 곧 닥쳐올 위험도 미리 알려주었다. 광산이 무너질 위험에 처하면 사방에서 요란하게 소리를 내서 빨리 대피하라고 신호를 보냈다. 광부들은 음식이나 아이들이 입는 옷을 광산 안 외진 구석에 놓아두어 코블리나우에게 감사를 표시했다.

광산에서 열심히 일하는 모습이 가끔 광부들에게 목격되기도 했다. 그런데 사실 일하는 흉내를 낼 뿐이다. 하지만 이들을 보기만 해도 좋은 일이 일어난다. 바보 취급을 당하면 화를 내며 돌을 던지기도 한다.

Killmoulis

킬무리스

꩜

　영국 요정 킬무리스는 스코틀랜드 시골 마을의 물레방앗간에
사는 브라우니의 일족이다. 모습은 사람처럼 생겼지만, 몸에 비해
얼굴과 코가 유난히 크고 입과 턱이 없다. 입이 없어서 음식은 코
로 흡입하고, 의사소통은 텔레파시를 이용한다. 어린아이처럼 장
난을 좋아한다. 사람을 대신해서 물레방앗간을 관리하고 위험에서
지켜주는 수호 요정이다.

　물레방앗간에 안 좋은 일이 생기려고 하면 사람들에게 미리 알
려준다. 물레방앗간을 사람들 못지않게 사랑한다. 농부들이 곡식
을 빻을 때 도와주기도 한다. 킬무리스는 사람들 주변에 머무르며
관찰하기를 좋아하지만 겁이 많고 부끄러움을 타서 잘 나타나지

않는다. 하지만 따뜻한 음식이나 옷을 선물하면 친구가 될 수도 있다. 사람들에게 도움을 주지만 때로 보리에 재를 뿌리는 장난을 치거나 시끄럽게 떠들기 때문에 오히려 일에 방해되기도 한다.

Tam Lin

탐 린

잉글랜드와 스코틀랜드 접경 지역의 북쪽에는 카터로라는 숲이 있다. 그곳은 사람의 발길이 미치지 않는 요정들만의 영토였다. 요정들은 그곳에서 춤추고 노래를 부르며, 가끔은 요란한 잔치를 벌이고는 했다. 그들은 방해꾼인 인간을 피하려고 파수꾼들을 세웠다. 사람들은 이 파수꾼을 '요정 기사'라고 불렀다.

사람들은 요정 기사를 무척 두려워했다. 그들은 요정을 위해서라면 무슨 일이든 거침없었다. 자칫 숲에 들어갔다가 잡힌 사람은 늪에 처박히거나 살갗이 찢어지는 가시덤불 옷을 입어야만 했다. 그뿐만 아니라 금반지나 녹색 망토를 바쳐야만 했다. 사람들은 이 숲을 두려워하며 절대로 가까이 가려 하지 않았다.

그런데 이웃 성에 사는 쟈넷이라는 여성이 길을 잃고 그만 카터로 숲에 들어가게 되었다. 쟈넷은 달콤한 향기와 아름다운 꽃에 이끌려 요정들의 장미 정원에 이르렀고 장미넝쿨에서 꽃가지를 꺾었다. 그때 천둥 벼락같은 호통 소리가 들려왔다. 쟈넷은 그제야 자신이 요정의 숲에 들어온 사실을 깨닫고 황급히 용서를 빌었다.

쟈넷의 앞에 모습을 드러낸 파수꾼은 젊고 잘생긴 청년, 바로 요정 기사 탐 린이었다. 그는 아름답고 매력적인 쟈넷의 모습을 보고 잠시 할 말을 잊었다. 쟈넷 역시 탐 린의 모습에 마음을 빼앗겼다. 운명은 두 사람을 사랑의 끈으로 꽁꽁 동여매었다. 그들은 첫눈에 서로의 매력에 강하게 이끌렸고 연인이 되었다.

탐 린은 쟈넷에게 자신은 원래 요정이 아니며 록스버러 백작의 손자라고 밝혔다. 열세 살이 되던 해 어른들을 따라 사냥을 나섰다가 길을 잃고 요정의 숲에 들어갔다고 했다. 요정 여왕은 그에게 마법을 걸어 인간 세계로 돌아갈 수 없게 만든 뒤 숲을 지키는 파수꾼으로 세운 것이다. 그때부터 탐 린은 낮에는 요정 여왕의 장미 정원을 지키고 밤에는 여왕을 호위하는 기사로 일했다.

그 사실을 알게 된 쟈넷은 요정 여왕의 마법에서 사랑하는 연인을 구하기로 마음먹었다. 쟈넷은 탐 린에게 자신의 결심을 밝히고 방법을 물었다. 그러나 탐 린은 한사코 쟈넷을 만류했다. 자칫 사랑하는 연인이 위험에 빠져 목숨을 잃을 수도 있었기 때문이다.

하지만 쟈넷의 결심은 확고했고 사랑과 용기에 감동한 탐 린은 결국 마법을 푸는 방법을 자세히 알려주었다.

모든 성인의 날 전야, 쟈넷은 탐 린이 일러준 대로 우유 한 동이를 가지고 요정의 숲으로 숨어들었다. 자정이 되자 청아한 피리 소리와 부드러운 수금 선율이 바람을 타고 들려왔다. 잠시 후 반딧불 떼가 하늘을 뒤덮으며 숲속을 훤히 밝혔다. 말굴레가 짤랑거리는 소리와 함께 요정의 무리가 모습을 나타냈다. 그들은 모두 말을 타고 있었다.

검은 말을 탄 요정 여왕이 앞장서고 다른 요정들이 그 뒤를 따랐다. 요정 기사들은 맨 뒤에서 행렬을 호위하며 따랐다. 그중에 탐 린의 모습도 보였다. 탐 린이 가까이 다가오자 쟈넷은 재빨리 뛰쳐나가 탐 린을 말에서 끌어 내렸다. 그러고는 그의 몸을 두 팔로 힘껏 끌어안았다. 갑작스러운 상황에 요정들이 술렁거렸다.

요정 여왕은 싸늘한 눈초리로 탐 린을 노려보면서 마법을 부렸다. 그 순간 탐 린의 몸이 도롱뇽으로 변했다. 이미 쟈넷은 탐 린으로부터 어떤 상황이 벌어질지 들어서 알고 있었기에 조금도 당황하지 않았다. 두 손을 오므려 도롱뇽이 도망가지 못하도록 했다. 그러자 요정 여왕은 다시 한번 마법을 걸었다. 도롱뇽은 거대한 뱀으로 변했다. 뱀은 이내 쟈넷의 몸을 휘감더니 목까지 조였다. 차가운 냉기가 가슴까지 파고들면서 숨이 막혀왔지만 쟈넷은 당황하지 않고 결사적으로 뱀을 끌어안았다.

　요정 여왕은 화가 나서 더욱 맹렬한 기세로 주문을 외웠다. 뱀은 다시 거대한 곰으로 변했다. 곰은 날카로운 이빨을 드러내며 으르렁거렸다. 그래도 쟈넷은 꿋꿋이 버텨냈다. 여왕의 두 눈은 분노로 이글거렸다. 여왕은 두 팔을 들어 올리더니 다시 한번 맹렬한 기세로 주문을 쏟아냈다. 이번에는 백조였다. 백조는 커다란 날개를 퍼덕이며 부리로 쟈넷의 얼굴을 마구 쪼아댔다. 하지만 쟈넷은 백조를 움켜잡은 손을 풀지 않았다. 백조의 몸부림이 끝나갈 무렵 쟈넷은 온몸으로 뜨거운 열기를 느꼈다. 백조는 어느새 불에 달군 뜨거운 쇠막대기로 변해 있었다. 너무 뜨거워서 하마터면 쇠막대기를 떨어트릴 뻔했지만, 이것이 마지막 시험이라는 것을 쟈넷은 잘 알고 있었다. 살이 타들어 가는 고통을 꾹 참고 미리 준비해 온 우유 동이에 쇠막대기를 집어넣었다.

　차가운 우유에 쇠막대기의 열기가 식으면서 치직 소리와 함께 희뿌연 김이 뭉게뭉게 피어올랐다. 김이 바람에 흩어져 사라질 즈음 우유 동이 속에서 발가벗은 탐 린이 걸어 나왔다. 요정 여왕의 마법이 풀리고 인간으로 돌아온 것이다. 쟈넷은 망토를 벗어 탐 린의 몸을 감쌌다. 이제 싸움은 끝났다. 요정 여왕은 싸늘한 표정으로 두 사람을 노려보더니 이내 긴 한숨을 내쉬며 탄식하듯 말했다.

　"탐 린, 사랑의 힘으로 내 마법을 깨뜨릴 줄은 상상도 못 했다.

넌 이제 자유의 몸이다."

여왕은 말 머리를 돌려 무리를 이끌고 숲속으로 사라졌다. 사랑하는 연인의 도움으로 요정 기사 탐 린은 인간 세상으로 돌아갈 수 있었다.

Fey

페이

유럽의 페이는 마법을 부리는 여성 요정이며, 주로 기사들의 수호 요정이다. 숲속의 샘이나 호수에 산다. 기사들을 길러내고 지키기도 하고 시험하기도 하며 그들의 죽음까지 지켜본다. 보통 때는 인자한 중년 여성의 모습이지만, 마법으로 바라는 대로 젊어지거나 아름다워질 수 있다. 또 재산도 원하는 만큼 가질 수 있다.

한편 페이는 기사뿐만 아니라 착한 마음씨를 가진 사람을 잘 돕는다. 동화 〈신데렐라〉에서 마법을 이용해 착한 신데렐라를 도와주고, 〈잠자는 숲 속의 미녀〉에서는 마녀의 저주에 걸린 공주를 돕기 위해 100년 동안 깊은 잠에 빠지게 한다. 대표적인 페이는 호수의 귀부인으로 불리는 프랑스의 '비비안', 영국의 마녀 '모건

르 페이'와 기사들의 수호 요정 '니뮤에'가 있다.

페이라는 단어은 페어리Fairy와 마찬가지로 운명이라는 뜻을 가진 라틴어 Fatum에서 유래한다.

폴레비크

러시아 요정 폴레비크는 들판을 지키는 수호 요정이다. 진흙으로 빚은 사람처럼 생겼다. 몸 표면에는 긴 풀이 빽빽하게 나 있으며 오른쪽 눈과 왼쪽 눈의 색이 서로 다르다. 몸은 땅 색깔이고 머리카락은 풀 색깔이다. 러시아 북부가 아닌 모든 들판에 살고, 들판 하나에 한 폴레비크가 산다. 행동이 민첩하고 재빠르며 키를 마음대로 늘이거나 줄일 수 있기 때문에 사람의 눈에 띄는 경우는 거의 없다. 오후가 되면 조랑말을 타고 논밭을 산책하는 것을 즐긴다. 게으른 농부를 싫어하고 부지런한 농부를 좋아한다.

부지런한 농부의 밭에 침입자가 나타나면 쫓아냈다. 밀밭 가운데서 낮잠을 자는 게으른 농부를 발견하면 엉덩이를 걷어차거나

흙덩이를 퍼붓고, 때로는 자기 아이들을 시켜 때렸다. 가끔 이유 없이 사람을 괴롭히며, 밤길을 가는 나그네를 골탕 먹이기도 했다. 특히 술에 취해 주정을 부리는 사람을 싫어해서 심한 경우 목숨을 빼앗았다.

폴레비크와 친해지려면 달걀 두 개와 울지 못하는 늙은 수탉을 제물로 바치면 된다. 폴레비크가 여성으로 변하면 폴루드니차가 된다. 폴루드니차는 러시아 북부 지방의 들판에 살면서 들판과 보리밭을 지키는 수호 요정이다.

흰옷을 입은 아름다운 모습이며 여성 요정 중 가장 키가 크지만 자기의 키를 작게 줄일 수도 있다. 그녀는 한낮에 일하는 사람을 싫어한다. 머리를 잡아당기며 괴롭히거나 농장 일꾼의 아이를 밀밭으로 유인해서 길을 잃고 헤매게 만든다.

하베트롯

영국 요정 하베트롯은 실 잣는 사람들을 지켜준다. 물레의 수호 요정이다. 온종일 숲에서 물레를 돌려 실을 잣는다. 너무 열심히 실을 잣느라고 입술이 두꺼워지고 손에 물집이 심하게 잡혀 흉측한 모습이 되어버렸다. 그래서 하베트롯을 처음 만난 사람은 그 모습을 보고 무척 놀란다. 그러나 주름진 얼굴에 나타난 인자한 미소를 보면 친할머니를 만난 듯 곧 편안해진다.

사람들에게 친절하며 특히 실을 못 잣는 여성을 잘 도와준다. 하베트롯은 물레를 돌려 실로 셔츠를 만든다. 그 옷은 어떤 불치병도 치료하는 신비로운 힘이 담겨 있다고 한다. 스코틀랜드에서는 이 요정의 도움을 받은 처녀 이야기가 전해진다.

어느 작은 마을에 매우 아름답고 마음씨도 고운 처녀가 살았다. 하지만 매우 게을렀기 때문에 어머니는 늘 딸의 장래를 걱정했다. 당시에는 좋은 집안에 시집가려면 물레질을 잘해야 했다. 그리고 부지런해야 했다. 그런데 딸은 게으른 데다 물레질까지 못했다. 그러다 보니 어머니는 딸 걱정으로 잠까지 설쳤다. 어느 날 아침 딸의 장래를 위해서 독한 결심을 한다.

어머니는 실뭉치 일곱 개를 딸에게 내주면서 사흘 안에 모두 실을 뽑으라고 했다. 만약 못 끝내면 집에서 쫓아내겠다며 으름장을 놓았다. 딸은 평소와 다른 서슬 퍼런 어머니의 모습에 크게 당황하면서 고민에 빠졌다. 속상한 마음도 달랠 겸 뒷동산으로 산책하러 나갔다. 그때 숲속에서 물레질 소리가 들려왔다. 소리가 난 곳으로 가보니 웬 노파가 물레질하고 있었는데, 물레질 솜씨가 어찌나 뛰어난지 신기에 가까울 정도였다. 알고 보니 노파의 정체는 바로 하베트롯이었다. 처녀의 고민을 듣고 난 요정은 도움을 자청하고 나섰다. 단 자신이 도와준 사실을 아무에게도 말해서는 안 된다는 조건이 붙었다.

하베트롯은 순식간에 실을 뽑아주었다. 그날 이후 처녀는 마을에서 유명인사가 되었다. 사흘 만에 실뭉치 일곱 개를 뽑았다는 것은 굉장한 솜씨였기 때문이다. 그 덕분에 처녀는 그 지방을 다스리는 영주와 결혼할 수 있었다. 어느 날 영주의 성에 귀한 손님들이 찾아오기로 했는데, 영주는 그들에게 부인의 솜씨를 자랑하고 싶어 했다. 난처해진 그녀는 하베트롯을 찾아가 도움을 청했다. 하베트롯은 걱정하지 말고 며칠 뒤 보름달이 떠오르면 영주와 함께 자신을 찾아오라고 했다. 마침내 보름달이 대지를 훤히 밝히자 그녀는 영주와 함께 하베트롯을 찾아갔다.

영주는 하베트롯의 크고 일그러진 얼굴과 흉측한 입술을 보며 '어쩌면 저렇게 못생겼을까'라며 속으로 혀를 끌끌 찼다. 하베트롯은 영주의 속마음을 간파하고 이렇게 말했다.

"저도 예전에는 부인처럼 무척 예뻤답니다. 그러나 쉬지 않고 실을 뽑다 보니 입술이 이렇게 일그러지고 말았지요."

그 말을 들은 영주는 큰 충격을 받았다. 그날 이후 영주는 그녀를 물레 근처에도 가지 못하게 했다. 덕분에 그녀는 물레질하지 않고도 행복하게 살았다.

2부

유혹의
손짓 ──────────────────

MYTHOLOGY

Ganconer

간코너

아일랜드 요정 간코너의 이름은 '사랑을 말하는 자'라는 뜻이다. 원래는 노인의 모습인데 항상 젊고 잘생긴 청년으로 변신해 사람 앞에 나타난다. 간코너는 멋진 외모, 달콤한 음성, 부드러운 이미지, 신사적인 매너와 마법으로 젊은 여자를 유혹한다. 외딴곳에서 만난 젊고 잘생긴 남자가 입에 파이프 담배를 물고 있으면 간코너일 가능성이 높다.

하지만 그의 마법은 강렬해서 대부분 여자가 유혹에 넘어가고 만다. 간코너와 사랑의 입맞춤을 한 여자는 곧 사랑의 포로가 된다. 여자가 간코너를 미치도록 사랑할 때쯤 그는 말없이 어디론가 사라져 종적을 감춰버린다. 버려진 여자는 상사병으로 몸져누웠다가 결국 목숨을 잃고 만다.

아일랜드에는 "사랑을 말하는 자를 만나는 여자는 곧 자신의 수의를 짜야 한다"라는 속담이 있을 정도다. 하지만 경고에도 불구하고 여자들은 언제나 간코너의 유혹에 넘어갔고 사랑을 갈망하다가 목숨을 잃곤 했다.

동유럽의 루마니아에도 간코너와 비슷한 정령이 있다. 밤에 멋진 남성으로 변신해서 사춘기 소녀나 갓 결혼한 여성을 노리는 즈부러토룰Zburătorul이다. 이 요정은 희생자가 될 사춘기 소녀와 성에 대한 집착이 강한 여자를 찾아 자정부터 새벽까지 온 마을을 돌아다닌다. 대상을 찾으면 매력적인 남성으로 변신해서 바람처럼 살며시 여성의 침대 속으로 파고든다. 즈부러토룰은 여성과 밤이 새도록 사랑을 나눈 뒤 새벽을 알리는 닭 울음소리가 들리면 유유히 사라진다.

즈부러토룰과 사랑을 나눈 여성은 지독한 사랑의 열병을 앓았다. 이 열병은 '리파투러'라고 부르는데, 막연한 희열과 애매한 고통을 동시에 느끼는 증세를 보인다. 그의 침입을 막으려면 집안의 문, 창문, 굴뚝 등 모든 틈새에 마늘을 바르고 칼을 꽂아놓거나 주술적 효능이 있는 약초를 가방에 담아 매달아 놓으면 된다.

Gwragedd Annwn

구라게드 아눈

영국 요정 구라게드 아눈은 아름다운 금발 여성의 모습으로 웨일스 지방의 작은 호수에 산다. 대부분 물의 요정은 변덕스럽고 매우 위험한 존재이다. 하지만 구라게드 아눈은 다른 물의 요정들과 달리 위험하지 않다.

차분한 성격에 매우 친절할 뿐만 아니라 인간을 몹시 사랑한다. 인간과 쉽게 사랑에 빠지고 결혼해 아이를 낳기도 한다. 하지만 요정과 결혼하려면 먼저 수수께끼 시험을 거쳐야 하고, 시험을 통과한 후에는 한 가지를 맹세해야만 한다. 결혼한 후 절대 아내를 때리지 않겠다는 맹세이다.

만약 남편이 그 약속을 어기고 세 번 아내를 때리면 요정은 영

영 인간 세계를 떠나야만 하고, 한 번의 이별은 영원한 이별로 이어졌다. 구라게드 아눈은 사람의 삶에 남다른 통찰력을 지니고 있어서 세례와 결혼, 장례식 때 보통 사람이 느끼는 감정과 반대의 감정을 느낀다. 그리고 자기의 감정을 표현할 때는 남들의 비난을 전혀 두려워하지 않는다.

웨일스의 한 농부가 구라게드 아눈을 사랑하게 되었다. 농부는 요정과 결혼하기 위해 그녀의 아버지가 내는 수수께끼를 통과해야만 했다. 요정은 쌍둥이였는데 자매가 마치 똑같은 틀로 만든 빵처럼 모습이 똑같았다. 문제는 쌍둥이 자매 중에서 자신의 결혼 상대를 찾아내는 것이었다. 농부는 겨우 배우자를 알아맞히고 결혼 승낙을 받았다.

농부는 구라게드 아눈을 아내로 맞이하면서 그녀의 아버지와 한 가지를 약속했다. 무슨 일이 있어도 아내를 때리지 않겠다는 맹세였다. 농부가 만약 약속을 어기고 세 번 때리면 영원한 이별을 각오해야만 했다. 그들의 결혼 생활은 매우 행복했고 아이도 셋이나 태어났다. 그런데 아내에게는 이상한 버릇이 있었다. 때로 보이지 않는 존재와 이야기를 나누기도 했고, 인간과 다른 감정을 표현해서 농부를 당황하게 했다.

축복받는 자리인 아이의 세례식에서 슬픈 표정으로 눈물을 흘리고, 장례식장에 조문을 가서는 즐거운 표정으로 웃었고, 결혼식장에 참석해서는 혼자서 눈물을 흘렸다. 그때마다 농부는 부끄러워서 팔로 가볍게 아내의 몸을 쳤다. 그리고 농부가 세 번째로 때렸을 때 아내는 그의 곁을 떠났다. 그 후 농부는 아내를 두 번 다시 만날 수 없었고, 평생 혼자 살았다고 전해진다.

Glaistig

그라쉬티그

영국 요정 그라쉬티그의 윗몸은 사람이고, 아랫몸은 산양의 모습을 하고 있다. 사람들에게 산양의 모습을 숨기기 위해 녹색의 긴 드레스를 입기도 한다. 또한 남자를 유혹해서 함께 춤을 춘 후에 흡혈귀처럼 피를 빨아먹기도 한다. 하지만 사람들이 잠든 틈에 집안일을 몰래 돕기도 하는데, 그때는 매우 성실하게 일한다. 일을 도와준 대가로 집주인이 우유 한 잔을 대접하면 그것으로 만족한다. 그러나 변덕이 심해서 사람에게 심술을 부리거나 자주 장난을 치기도 한다.

그라쉬티그는 물을 좋아해서 강가에 자주 모습을 보이고, 가끔 아이들과 물놀이를 즐기기도 한다. 강가에 앉아 있다가 사람이 지나가면 강 건너편까지 업어달라는 부탁을 한다. 이때 순순히 부탁을 들어준 사람에게 큰 보답을 해주지만 거절한 사람은 심하게 괴롭힌다.

Nimue

니뮤에

　영국 요정 니뮤에는 매우 아름답고 우아하다. 니니안 또는 니나브로 불리기도 한다. 니뮤에는 영국 중세의 기사 이야기 《아서 왕의 죽음》에 나오는 호수 요정이며 '호수의 귀부인'이라고 불린다. 또한 호수의 여왕으로 불리기도 하는데, 호수에 있는 요정의 나라를 다스렸기 때문이다. 그리고 세이렌의 딸이라는 이야기도 전해진다.

　아서 왕 전설에서 요정 모건 르 페이가 아서의 적으로 등장하는 반면, 니뮤에는 그 편에 서서 원탁을 지원한다. 니뮤에는 한때 마법사 멀린의 연인이었으며 멀린의 마법을 모두 배웠다고 한다. 멀린은 그녀에게 주문 하나로 타인을 억류하는 마법을 자세하게

가르쳐주었는데, 니뮤에는 그 마법을 그에게 사용했다. 멀린을 너무 많이 사랑해 독차지하려고 숲속의 큰 바위 밑에 영원히 가두었다. 어느 날 멀린은 마침 그곳을 지나가던 가웨인 경에게 자신의 신세를 한탄했다고 한다.

"나는 정말 바보였소. 나 자신보다 남을 더 사랑했으니 말이오. 나를 묶어두는 방법을 내가 그녀에게 가르쳐주다니, 정말 어리석었소. 이젠 그 누구도 나를 자유롭게 할 수 없소."

멀린을 영원히 가둬버린 니뮤에는 그를 대신해 모건 르 페이와 싸우며 원탁과 아서 왕을 지켰으며, 기사 랜슬롯을 양자로 삼고 기사의 교양과 무예를 가르쳤다. 아서 왕에게 명검 엑스칼리버를 준 것도 니뮤에였다. 그러나 아서 왕의 죽음을 앞두고서 니뮤에는 모건 르 페이와 화해해 아서 왕을 아발론으로 옮기는 배에 함께 타고 갔다고 한다.

Nix

닉스

독일의 닉스는 물의 요정이다. 여자는 닉시라고 부른다. 이빨은 녹색이고, 손가락과 발가락 사이에 물갈퀴가 있다는 점 말고는 인간과 구분하기 어렵다. 인간의 말을 잘하고 머리가 좋다. 평소 녹색 모자를 즐겨 쓰고 다닌다. 그들은 호수와 강의 밑바닥에 자신들만의 왕국을 세우고 살아간다.

닉시는 금발의 곱슬머리를 가진 아름다운 소녀의 모습을 하고 있다. 화창한 여름날 물가에 앉아 머리를 빗으며 노래하는 모습이 종종 사람에게 목격된다. 그녀의 목소리는 매우 아름다워 세이렌과 비교될 정도이다. 그 목소리와 아름다움에 취한 사람은 예외 없이 물에 끌려가 목숨을 잃고 만다.

닉스는 포세이돈과 네레이드, 세이렌, 인어, 셀키(바다표범의 모습을 한 요괴), 핀족의 혈통을 이어받았다. 마법으로 인간을 물고기로 변신시키고 마을을 통째로 이동시킬 수 있다. 하지만 닉스의 뛰어난 마법도 '철'에는 약하다. 철은 모든 마법을 무용지물로 만들어버리기 때문이다.

닉스는 젊은 처녀를 납치해서 아내로 삼기도 한다. 자신의 아이가 태어날 때 산파를 끌고 가서 출산을 돕게 한다. 이때 태어난 아이는 몸에 유난히 털이 많다. 인간과의 사이에서 태어난 아이는 딸이든 아들이든 가리지 않고 무조건 먹어버린다. 닉스는 자기들의 생활을 지키거나 장난치려고 사람을 물에 빠뜨리고 공격해 위험에 처하게 한다. 그리고 물에 빠져 죽은 사람의 영혼을 모으는데, 닉스의 집에는 사람들의 영혼을 가둔 항아리가 있다.

독일에서 내려오는 닉스 이야기이다. 어느 날 닉스는 평소 친분이 있던 농부를 자신의 물속 궁전으로 초대했다. 농부는 처음 본 보석 궁전의 아름다움을 보고 넋을 잃었다. 궁전을 둘러보면서 감탄사를 연발했고, 기분이 좋아진 닉스는 비밀의 방으로 농부를 안내했다. 그리고 영혼들을 가둬놓은 항아리를 보여주었다. 집으로 돌아온 농부는 항아리 속에 있는 영혼들 생각으로 밤새 잠을 이루지 못했다. 다음 날 닉스의 궁전으로 몰래 들어가 영혼을 가둬둔 항아리의 뚜껑을 열었다. 그 순간 수많은 영혼이 항아리에서 빠져

나왔다.

　물속에 닉스의 궁전이 있다는 전승은 스위스에서도 찾아볼 수 있다. 독일에서 닉스가 남성 요정, 닉시를 여성 요정으로 구분하지만 스위스에서 닉스는 성의 구분이 없다. 스위스 사람들은 루체른 부근 산꼭대기에 있는 추크호에 한때 닉스들의 왕국이 있었다고 믿었다. 호수의 수면 아래에는 깊이 자리 잡은 유리 궁전이 있었고 엘프 왕이 그 왕국을 다스렸다고 한다. 밤이 되면 엘프 왕의 아이들이 호수 근처 마을로 내려와 청년들과 어울리곤 했다. 이야기에 따르면 한 닉스가 마을 청년과 깊은 사랑에 빠졌다. 닉스는 밤이면 연인을 만나 사랑을 나누고 새벽이 되면 아쉬움을 뒤로한 채 호수 속 궁전으로 돌아가야만 했다. 모든 물의 요정이 그렇듯 닉스도 땅에서 무한정 머물거나 영원히 살 수 없었기 때문이다.

　닉스는 인간 연인을 설득해 물속 자기 집으로 데려갔다. 마법을 이용해 연인이 물속에서 생활할 수 있도록 해주었다. 하지만 연인이 고향과 가족, 친구를 그리워하는 마음만은 마법으로도 바꿀 수 없었다. 시간이 지날수록 향수병은 깊어졌고 그의 몸도 차츰 수척해졌다. 고민하던 닉스는 매일 땅거미가 지고 밤이 찾아오면 연인이 살던 마을에 마법을 걸어 호수 밑으로 가져왔다. 새벽이 되면 마법이 풀려 마을은 원래대로 돌아갔다고 전해진다.

Rusalka

루살카

　러시아 물의 요정 루살카는 강과 샘에서 산다. 봄이 되면 물에서 나와 숲과 들판에서 여름까지 머무른다. 젊은 여자의 모습이며 피부가 창백해서 병적인 느낌이 든다. 그러나 머리가 길고 매우 아름답다. 강과 호숫가에서 춤추고 노래하며 지나가는 남자를 유혹한다. 루살카의 요염한 미소에 넘어가지 않는 남자는 없었다고 한다. 심지어 금욕적인 생활을 하는 수도승도 예외는 아니었다.

　루살카는 남자를 강으로 끌고 들어가서는 온몸을 콕콕 쑤시면서 죽을 때까지 괴롭힌다. 그러나 수수께끼 내기를 좋아해 자기가 낸 수수께끼를 알아맞히면 풀어준다. 또 어부의 그물을 찢고 비를 부르고 물레방아와 둑을 망가뜨리기도 한다. 주로 여름에 활동하며 육지로 올라와 물가와 숲 등지에서 춤을 추고 나무 위로 올라가 논다. 루살카가 춤을 춘 곳에서는 풀과 나무가 유난히 잘 자란다. 슬라브 민속에서는 연인에게서 배신당해 자살한 여인과 혼전 임신을 한 여자가 죽으면 루살카가 된다고 믿었다.

슬라브 신화에서 루살카는 남자를 유혹해 물에 빠뜨려 죽이는 위험한 요정으로 악명이 높다. 하지만 체코에서는 악한 요정이 아니라 아름답고 선한 요정이다. 사람을 진정으로 사랑해서 오히려 사람에게 버림을 받는 존재로 알려진다.

어느 달 밝은 밤에 한 왕자가 호수에서 물놀이를 즐기고 있었다. 루살카는 그 왕자를 보고 마음을 빼앗겨 아버지 보댜노이에게 사람이 되어 왕자를 만나고 싶다고 부탁했다. 그러나 보댜노이는 루살카에게 사람이 될 생각은 하지도 말라며 나무랐다. 하지만 왕자에 대한 그리움으로 애를 태우는 딸을 보자 그도 마음을 돌려 마녀 예지바바jezibaba를 소개해 준다.

예지바바는 정령을 사람으로 바꾸는 능력이 있었다. 루살카에게 사람이 되면 결국 사람에게 배신당할 것이며, 모습은 사람으로 변해도 사람의 말을 할 순 없다고 경고했다. 그러나 루살카는 왕자를 만나고 싶은 욕심에 경고를 무시하고 예지바바가 주는 마법의 물약을 마셨다.

사람이 된 루살카는 무척 아름다웠다. 그녀를 본 왕자는 단번

에 사랑에 빠졌다. 왕자는 그녀에게 청혼했고, 루살카는 사랑을 배신하지 않는다는 조건으로 청혼을 받아들였다. 그러나 왕자는 약속을 어기고 마는데, 결혼식 하객으로 외국에서 온 공주의 유혹에 넘어가 루살카를 버린 것이다.

배신에 충격을 받은 루살카는 깊은 슬픔에 빠져들었다. 그 사실을 알게 된 보댜노이는 딸을 다시 호수로 데려갔다. 하지만 사랑하는 사람에게 배신당한 루살카는 물의 요정으로 돌아갈 수 없었다. 이제 블루디츠카Bludickafk라는 사악한 정령으로 살아가야만 했다. 루살카는 다시 마녀 예지바바를 찾아가 물의 요정으로 돌아갈 방법을 물었다. 마녀는 단도를 건네주며 왕자를 죽이라고 했다. 사랑을 배신한 왕자의 피만이 다시 요정으로 돌아가는 유일한 방법이었기 때문이다.

하지만 루살카는 자신을 배신한 왕자를 아직도 사랑하고 있었기에 죽일 수 없었다. 사랑하는 사람을 지켜주기 위해 희생을 선택하고, 결국 블루디츠카로 변해버렸다. 한편 루살카를 배신했던 왕자는 새로 연인이 된 외국 공주에게 버림을 받는다. 왕자는 그제야 루살카를 배신한 자신의 잘못을 깨닫고 깊이 뉘우치지만, 루살카는 이미 그의 곁을 떠난 뒤였다. 왕자의 가슴에는 루살카에 대한 그리움이 가득 쌓여갔다.

왕자는 루살카를 찾아가서 진심으로 용서를 빌었다. 그러나 뒤

늦은 후회와 용서는 이제 아무런 소용이 없었다. 루살카는 이미 블루디츠카로 변해 다시는 인간이나 요정으로 될 수 없었기 때문이다. 루살카는 왕자에게 자신과 함께 있으면 위험하니 떠나라고 경고했다. 그러나 왕자는 차라리 그녀의 품에서 죽는 게 행복하다며 루살카를 안고 입을 맞췄다. 결국 루살카의 품에 안겨 죽음을 맞이했다. 연인을 잃은 루살카는 영원히 슬픔에 잠기고 말았다.

루마니아에도 루살카와 비슷한 루살리이Rusalii라는 정령이 있다. 자살이나 결혼 전에 사고로 죽은 여자, 혼전 임신을 했다가 죽은 여자가 하늘에 오르지 못하고 창공을 맴돌다가 루살리이가 된다고 한다.

이들은 여름밤에 숲속에서 둥그런 원을 그리고 둘러서서 서로 춤 솜씨를 자랑한다. 루살리이들이 춤을 추고 지나간 자리에는 풀들이 마치 불에 탄 듯 말라 죽는다. 그러나 시간이 지나면 그 자리에 화려한 꽃들이 피어나는데 소와 양은 그 풀을 절대로 먹지 않는다고 한다. 만약 사람이 실수로 루살리이들이 춤추던 자리를 밟으면 심한 중병을 앓는다. 이 병을 루아드 데 루살리이Luat de Rusalii(루살리에게서 얻어왔다는 뜻)라고 부른다. 병을 치료하려면 '컬루샤리' 놀이를 해야 한다. 컬루샤리는 보통 11명의 사람들이 모여 특별한 민속의상과 복장을 갖추고 주술적 성격의 춤을 추는 제례의식의 일종이다.

러시아 시인이자 작가인 푸시킨은 루살카 이야기를 문학작품으로 남겼고, 체코의 민족 음악가인 드보르작은 오페라로 각색했다. 이 오페라는 그의 작품 중 가장 뛰어나다고 평가받는다.

Mermaid

머메이드

　영국의 인어 요정 머메이드는 강이나 깊은 바닷속 궁전에서 산다. 윗몸은 사람이고 아랫몸은 물고기이다. 여성 인어는 머메이드, 남성 인어는 머맨이다. 죽은 사람의 영혼을 배에 태워 바닷속 궁전으로 데려가는 일을 한다.

　머메이드는 파도가 거세게 몰아치는 암초에 자주 나타난다. 그때마다 폭풍우가 몰려와 바다를 거세게 뒤흔든다. 그래서 뱃사람들은 머메이드를 무서워했다. 맑은 날 바닷가에 나타나 오른손에 거울, 왼손에 빗을 들고 머리카락을 빗기도 한다. 그 모습을 본 어부들의 말을 듣고 여러 화가가 그림 소재로 삼았다. 처음에는 몹시 추한 모습으로 그렸으나, 나중에는 금발에 녹색 눈을 가진 아름다

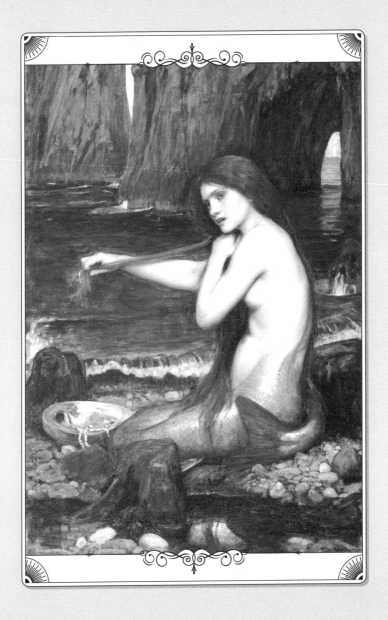

운 여성 인어로 바뀌었다.

폴란드 수도 바르샤바는 인어의 도시이다. 인어는 도시의 상징물이 되었고, 바르샤바의 시청에는 인어 조각상이 높이 매달려 있다. 또한 바르샤바의 기원에 관한 신화에 빠짐없이 등장하는 것이 인어이다.

신화에 따르면 마조브쉐 왕국의 왕인 시에모비트가 숲속에서 사냥하다가 길을 잃었다. 왕이 숲을 헤매다가 굶주림에 지쳐갈 무렵 시냇물에서 윗몸은 사람, 아랫몸은 물고기인 물의 요정이 나타났다. 그녀는 굶주림에 지친 왕에게 어부 바르스의 오두막집으로 가는 샛길을 알려주었다. 바르스와 아내 바르샤는 지치고 굶주린 왕을 정성 다해 극진히 대접했다. 왕은 그들의 친절과 정성에 감동해서 그 숲을 어부 가족에게 하사했다.

숲의 소유권은 대대로 그들 후손에게 상속되었고, 훗날 바르스와 바르샤의 이름을 따서 바르쇼바Warszowa라는 마을이 생겨났다. 그 마을이 오늘날 수도 바르샤바Warszawa가 되었다고 한다. 바르샤바의 기원에 대한 또 다른 신화에도 역시 인어가 주인공으로 등장한다.

영국의 머메이드는 스칸디나비아의 '하브르', 아일랜드의 '메로우'와 같은 종이다. 고대 이집트 사람들도 바다에 인어와 같은 존재가 산다고 믿고 인어를 숭배했다. 인어 숭배는 그리스, 바빌로니아, 페르시아, 인도 등 많은 곳에서 이뤄졌다. 인어를 보았다는 이야기는 수없이 많다. 또한 과거 뱃사람들이 포유동물인 듀공을 보고 인어로 착각했다는 말도 전해진다.

Melusine

멜뤼진

프랑스 샘의 요정 멜뤼진은 윗몸은 아름다운 여성, 아랫몸은 뱀이다. 어머니는 샘의 요정 프레시나이며 아버지는 엘리누스로 알바니Albany(스코틀랜드의 옛 이름)왕국을 다스린다. 엘리누스 왕은 프레시나와 결혼할 때 한 가지 맹세를 했다. 아기를 낳는 모습을 절대 보지 않겠다는 약속이었다.

두 사람은 행복한 결혼생활을 보냈고 시간이 흘러 왕비는 세 딸 멜루신, 멜리오, 플란티나를 낳았다. 하지만 딸들은 탄생을 축복받지 못했다. 엘리누스는 약속을 깨고 출산 장면을 보고 말았다. 요정과의 약속이 깨어지면 영원한 이별이 시작된다. 왕비는 세 딸을 데리고 요정의 섬 아발론으로 돌아가야 했다. 세월이 흘러 딸들은 아름답고 매력적인 여인으로 성장했다. 프레시나는 딸들에게 슬픈 과거를 들려주었다. 그녀는 잃어버린 사랑 때문에 고통스러워했다. 딸들은 맹세를 깨트려 어머니에게 슬픔을 안겨준 아버지를 원망하며 복수를 다짐했다.

큰 딸 멜뤼진은 동생들과 힘을 합쳐 아버지를 노섬브리아의 산에 있는 동굴 속으로 유인했다. 그러고는 밖에서 마법의 그물로 동굴 입구를 봉인했다. 엘리누스는 어두운 동굴 속에 갇혀 평생을 외로움과 슬픔으로 몸부림치며 살아야 했다. 그러나 그것은 프레시나가 바라던 일이 아니었다. 아직도 남편을 사랑하고 있었던 그녀는 딸들이 한 일을 알고 나서 슬픔과 분노로 울부짖었다.

흥분한 프레시나는 복수를 주도한 큰딸 멜뤼진에게 저주를 내렸다. 그때부터 매주 토요일이 되면 멜뤼진의 아랫몸은 징그러운 뱀으로 변했다. 그 모습은 꼬박 하루 동안 지속되었다. 어머니의 분노는 거기에서 멈추지 않았다. 멜뤼진은 아발론에서 쫓겨나 프랑스 서쪽 지역의 숲속에 있는 갈증의 샘으로 거처를 옮겨야 했다.

멜뤼진은 새 거처에서 숲속 요정들과 어울리며 샘을 지켰다. 다리가 뱀으로 변하는 토요일에는 숲으로 들어가 자신의 모습을 숨겼다. 한가롭게 시간을 보내던 어느 날, 숲속에 한 청년이 들어왔다. 포레즈 백작의 아들 레이먼드였다. 레이먼드는 멜뤼진의 아름다운 모습을 보자마자 마음을 빼앗겼다. 멜뤼진 역시 젊고 잘생긴 귀족 청년에게 마음이 흔들렸다. 레이먼드는 그녀에게 청혼했고 멜뤼진은 구애를 받아들였다. 단, 토요일에는 혼자 있게 해달라는 조건을 걸었다. 신중하고 사려 깊은 레이먼드는 이유를 묻지도 않고 약속을 지키겠다며 맹세했다.

두 사람은 결혼해 여러 해 동안 행복하게 살았다. 그동안 레이먼드에게 행운이 따랐다. 그는 프와투 근처에 수많은 탑으로 이뤄진 아름답고 웅장한 뤼지냥 성을 지었다. 토요일에는 아내를 혼자 두겠다는 약속도 철저하게 지켰다. 두 사람은 모든 게 부족함이 없었지만, 자식만큼은 예외였다. 멜뤼진은 어머니의 저주 때문인지 계속해서 기형아만 낳았다. 열 명의 아들 중 여덟 명이 기형아였고 정상아는 아홉째와 열째로 둘 뿐이었다.

이 사실이 몸종들 입에서 오르내리더니 급기야 멜뤼진이 혼자 지내는 토요일마다 부정을 저지른다는 소문이 성안에 돌기 시작했다. 이 소문은 머지않아 성벽을 넘어 나라 전체로 퍼져나갔고, 마침내 레이먼드의 인내력에도 한계가 찾아왔다.

그는 약속을 깨뜨리고 토요일에 침실을 엿보았다. 결국 그는 토요일마다 아랫몸이 뱀으로 변하는 아내의 비밀을 알게 되었다. 여전히 아내를 사랑했기에 그 비밀을 혼자 가슴속에 묻어두기로 했다. 그러나 비밀은 오래가지 못했다. 여섯째 아들 제프리가 자신의 동생이 은거하던 수도원에 불을 질렀는데, 그 화재로 수도승 백

여 명이 목숨을 잃는 대형 참사가 벌어졌다. 충격적인 소식을 듣고 레이먼드는 절망감에 사로잡혀 이성을 잃고 사람들이 모인 장소에서 비밀을 폭로하고 만다.

멜뤼진은 충격을 받고 쓰러졌다가 겨우 몸을 일으켰다. 배신감에 눈물을 흘리며 창가로 걸어가서는 허공에 몸을 던졌다. 사람들이 놀라서 창가로 몰려들었을 때 갑자기 하늘에서 처절하게 울부짖는 소리와 함께 날개가 달린 거대한 뱀이 나타났다. 뱀은 성의 탑 주위를 세 번 원을 그리듯이 돌고는 하늘 저 멀리 사라졌다. 그후 레이먼드는 은둔하면서 화재로 죽은 수도승들의 명복을 빌며 일생을 마쳤다고 한다.

Siren

세이렌

　세이렌은 아름다운 얼굴과 독수리의 몸체를 가진 그리스의 바다 요정으로 날개가 있어서 자유롭게 하늘을 날 수 있다. 성격은 사악하고 자존심이 무척 강하다. 뮤즈 멜포메네와 강의 신 아켈로스 사이에서 낳은 딸들이라고 한다.

　전승에 의하면 세이렌은 둘이나 셋, 또는 넷이 등장하는데 그 이름도 서로 다르다. 둘이라는 설에 따르면 히메로파Himeropa(다정한 목소리)와 텔크시에페이아Thelxiope(매혹적인 목소리)이다. 셋이라는 설에는 그 이름이 리게이아Ligeia(금속성 소리), 레우코시아Leukosia(희다), 파르테노Parthenope(처녀의 목소리)이다. 아폴로도로스에 의하면 한 세이렌은 수금을 뜯고, 다른 하나는 노래를 하고, 그다음 하

나는 플루트를 불었다. 넷이라는 설에 따르면 그 이름은 각각 텔크시에페이아, 아그라오페메Aglaopheme(달콤한 목소리), 페이시노에 Peisinoe(설득적 존재), 모르페Molpe(노래)이다.

세이렌은 시칠리아섬 근처의 안테모에사섬에 살았다. 아름답고 달콤한 목소리로 노래를 부르며 뱃사람들을 홀렸다. 그 노래를 들은 뱃사람들은 누구나 넋을 잃었고, 배는 바위에 부딪혀 난파당했다. 물에 빠진 뱃사람들은 모두 세이렌의 먹이가 되었다.

뱃사람들은 세이렌이 사는 바다를 '마의 해역'이라고 부르며 피해 다녔다. 그들에게는 세이렌은 두려움과 공포의 대상이었다. 세이렌이 사는 섬에는 수많은 시체와 해골이 산더미처럼 쌓여 있었다. 노랫소리를 듣고도 섬을 통과한 배가 있으면, 세이렌은 바다에 몸을 던져 죽게 되리라는 예언이 있었다.

이 예언은 이아손과 아르고 원정대 그리고 오디세우스 일행에 의해서 두 번이나 실현되었다. 이아손의 아르고 원정대가 세이렌의 섬을 지나갈 때 원정 대원 중 한 명인 부테스가 배 밖으로 뛰어들었다. 그는 아프로디테의 도움으로 목숨을 구한 뒤 여신의 연인이 되었다.

아르고 원정대는 부테스를 제외하고 한 명의 희생자도 없이 세이렌들을 물리칠 수 있었는데 이는 오르페우스 덕분이었다. 오르페우스는 디오니소스의 숭배자이자 타의 추종을 불허하는 천재적인 음악가였다. 그가 수금을 연주하면 주변의 나무와 바위까지 춤을 추었다고 한다. 오르페우스의 음악은 너무나 달콤해서 아르고호의 원정 대원들은 세이렌의 노래 대신 모두 그의 연주에 귀를 기울였다고 한다. 덕분에 아르고호는 쉽사리 유혹을 피할 수 있었다.

트로이 전쟁을 승리로 이끈 그리스군의 영웅 오디세우스 일행도 세이렌의 섬을 무사히 통과했다. 그는 키르케의 충고에 따라 유혹을 피하고자 부하들의 귀를 밀랍으로 막게 한 뒤 자신의 몸을 돛대에 묶게 했다. 세이렌의 노랫소리가 들리는 곳에 이르면 자신이 아무리 간청해도 절대 풀어주지 말라고 부하들에게 명령했다. 하지만 오디세우스 일행은 6명을 잃은 뒤 겨우 유혹을 벗어날 수 있었다.

전해지는 이야기에 따르면 세이렌은 원래 페르세포네를 따르는 여인들이었다. 하데스가 페르세포네를 납치하는 것을 막지 못해 그 벌로 추한 모습으로 변했다고 한다. 또 뮤즈들과 노래를 겨루었다가 패했다는 이야기도 전해진다.

오늘날 세이렌은 여러 모습으로 우리 곁에 있다. 1819년 프랑스 발명가 C. C. 투르라는 자신이 발명한 경보 장치에 '사이렌'이라는 이름을 붙였다. 그는 그리스 신화에 나오는 세이렌이 노래로 사람들을 위험에 빠지게 한 것에 착안해 소리로 위험을 알려주는 경보 장치에 그 이름을 따다 붙인 것이다.

스타벅스 브랜드명은 소설 《백경》에서 유래했다. 창업주였던 고든 보커, 제럴드 제리 볼드윈, 지브 시글 세 사람은 《백경》을 좋아했는데, 이들은 소설에 등장하는 일등 항해사 '스타벅'의 이름을 따서 브랜드명을 정했다. 스타벅이 3명이라는 뜻으로 '스타벅스 Starbucks'가 되었고 세이렌을 로고로 만들었다.

Shylph

실프

유럽의 바람 요정 실프는 인간을 열렬하게 사랑한다. 그런 만큼 질투심도 강하고 사랑하는 인간이 배신하면 복수한다. 인간과 비슷하게 생겼는데, 세상의 그 어떤 여자보다 훨씬 아름답다. 나이를 먹어도 늙지 않아 변함없이 젊고 아름답다. 영혼이 없지만 인간과 사랑하면 영혼이 깃들어서 죽지 않는 몸이 된다.

실프는 라틴어로 syiva(숲, 수목)과 그리스어 nymphe의 합성어에서 생겨났다. 실피드sylpid라는 여성 명사형으로 불리기도 한다.

인간과 실프 사이에 태어난 아이는 머리가 좋고 외모도 아름답다. 유명한 조로아스터도 사람과 요정 사이에 태어났다는 이야기가 있다. 조로아스터가 역사상의 인물이라고 고전 작가도 인정하

지만, 어느 시대의 사람인지는 확실하지 않다. 스무 살 무렵 종교 생활에 들어가서 서른 살 무렵에 신의 계시를 받아 새로운 종교 조로아스터교를 처음 만들었다고 한다.

16세기의 연금술사인 파라켈수스는 물질을 형성하는 네 가지 요소로 흙, 물, 불, 공기를 꼽았는데 대지의 정령인 놈, 물의 정령인 님프, 불의 정령인 살라만드라, 공기의 정령인 실프를 열거했다.

실프는 바람의 요정이기 때문에 쉽게 모습을 감출 수 있다. 공기를 마음대로 다루며 바람을 타고 원하는 곳으로 이동할 수 있다. 숲의 요정, 나무의 요정으로 불리기도 한다.

Apasaras

아프사라스

　인도 요정 아프사라스는 '반얀'과 '우담바라'와 같은 거룩한 나무에 산다. 하늘나라의 무희이며, 물에서 태어났다. 또한 물새로 변신할 수 있다. 신들이 마음을 빼앗길 만큼 아름다우며 항상 얇은 비단옷을 입고 다닌다. 가벼운 성격에 취미와 특기는 신과 사람 유혹하기, 도박, 춤, 노래 등이다.

　천계의 무용수로서 악사 간다르바와 함께 신들에게 춤과 노래, 술을 대접하는 역할을 한다. 아프사라스의 아름다움에 홀린 사람은 미치게 된다. 남성 종족이 없어 간다르바와 인간과 결혼해 자손을 남긴다. 그러나 본래 신들의 첩이나 애인 같은 존재이기 때문에 평생의 배우자가 될 수는 없다.

《리그베다》속 아프사라스인 우르바시와 인간의 왕 푸루라바스와의 사랑 이야기는 유명하다. 우르바시는 천상에서 지상으로 내려와서 일라(인류의 시조 마누의 딸)의 아들 푸루라바스와 결혼했다. 그녀는 결혼할 때 다음과 같은 조건을 걸었다.

"하루에 세 번 나를 안아주세요. 그러나 내가 원하지 않을 때에는 잠자리를 같이해서는 안 됩니다. 또한 당신의 나신을 보여서는 안 됩니다."

두 사람의 결혼 생활은 행복하고 평탄했다. 그러나 천상의 악사인 간다르바들이 우르바시를 다시 천상으로 불러올 계획을 세우면서 위기를 맞는다. 간다르바들은 푸루라바스 부부가 잠자리에 들기를 기다렸다가 우르바시가 평소 몹시 귀여워하던 새끼 양 두 마리를 잡아갔다. 그 모습을 본 우르바시가 비명을 지르자 깜짝 놀란 푸루라바스는 벌거벗은 채 새끼 양을 찾으러 쫓아갔다. 간다르바들은 이 기회를 놓치지 않고 빛을 던져 우르바시가 푸루라바스의 알몸을 보게 했다. 졸지에 푸루라바스는 약조를 어기게 되었고 우르바시는 그 즉시 천상으로 올라가 버렸다. 모든 것이 간다르바들의 계획대로 이루어졌다.

아내가 모습을 감추자 슬픔에 빠진 푸루라바스는 우르바시를 사방으로 찾아다녔다. 그러다가 우연히 백조의 모습으로 변신한 한 무리의 아프사라스와 마주쳤다. 그중에는 애타게 찾아다니던 우르바시도 있었다. 푸루라바스는 뛸 듯이 기뻤지만, 남편을 본 우르바시의 반응은 냉담하기만 했다. 실망한 그는 목을 매고 죽어 늑대의 밥이 되겠다고 말했다. 그 말이 우르바시의 얼어붙은 마음을 녹였다. 우르바시는 "1년 후 다시 이곳에서 만나 하룻밤을 지내요. 그때 당신의 아들도 태어날 거예요"라고 약속했다.

1년 후 푸루라바스는 약속장소로 나갔다. 그곳에는 황금 궁전이 있었고 기다리고 있던 우르바시와 만날 수 있었다. 우르바시는 이렇게 말한다.

"내일 아침 간다르바들이 조식을 전해줄 거예요. 그들에게 당신이 원하는 것을 말씀하세요."

푸루라바스가 무엇을 원하면 좋을지 묻자 "당신들의 동료로 삼아주세요"라고 하라며 가르쳐주었다. 다음 날 아침, 간다르바들을 만난 푸루라바스는 우르바시가 시키는 대로 말했다. 그들은 우르바시가 낳은 아들과 함께 성화를 제반에 넣어서 주었다.

푸루라바스는 집으로 향하는 길에 숲속에 이 성화를 안치한 후 아이를 데리고 마을로 갔다. 돌아와 보니 불은 자취도 없이 꺼져버리고 그 장소에 아슈바타(보리수)가 있었다. 푸루라바스는 이 일을 간다르바들에게 알리자 그들은 아슈바타를 서로 비벼서 신성한 불을 만드는 방법을 알려주었다. 푸루라바스는 그 방법대로 성화를 만들어 제사를 지냈고, 그도 간다르바들의 동료가 될 수 있었다.

　캄보디아의 정글 속에는 앙코르 와트 유적지가 있다. 사원의 외벽에는 아프사라스들의 춤추는 모습이 섬세하고 다양하게 조각되어 있다. 1천 500개 이상의 조각이 있다고 한다. '아프사라스 춤'은 고대 캄보디아 왕실에서만 공연되던 오랜 역사를 지닌 무용이다. 캄보디아 정부에서는 정책적으로 이 춤을 전수하는 교육을 한다. 무용 지도자들은 앙코르와트 사원 벽화를 기본으로 새로운 춤사위를 만든다.

Elf

엘프

엘프는 영국 요정이다. 엘프라는 단어는 노르딕어와 게르만어인 알파Alfar에서 유래했다. 알파는 산과 강, 바다를 뜻한다. 선한 무리와 악한 무리가 있는데 선한 무리는 빛의 요정 리오살파Liosálfar, 악한 무리는 어둠의 요정 되칼파Döckálfar라고 한다. 빛의 요정은 하늘에 살고 어둠의 요정은 지하 세계에 산다.

엘프는 세계 곳곳에 여러 모습으로 나타난다. 독일에서는 꿈속에 나타나는 사악한 마귀, 즉 몽마를 알프Alp라고 부르는데, 인류학자들에 의하면 이 단어는 엘프에서 비롯되었다. 독일과 영국의 엘프는 재앙 덩어리로 알려진 반면에 덴마크의 엘프는 매우 아름답고, 스칸디나비아의 엘프는 신과 함께 악마와 싸운다.

엘프는 왕과 귀족 그리고 평민으로 나뉘며 무리를 짓고 산다. 그들은 인간과 비슷하게 생겼는데 피부가 유난히 희고, 몸은 가냘 프다. 금발머리에 얼굴이 매우 아름다워 바라만 봐도 눈이 부시다. 귀가 인간보다 유난히 길고, 남성도 여성처럼 수염이 없다. 등은 움푹 파여 있다.

엘프는 몸놀림이 빠르고 활 솜씨가 뛰어나며 마법에 뛰어나다. 시력이 좋아 어둠 속에서도 사물을 본다. 잠을 안 자고도 살기 때문에 풍부한 지식을 쌓았다. 수명은 불사신이거나 적어도 400년 이상은 산다. 인간과는 다른 차원에 왕국을 짓고 사는 것으로 알려졌다. 이들은 인간에게 무한한 동경의 대상이자 공포의 대상이기도 했으며 고대 신의 후예로 여겨져 숭배를 받기도 했다. 보름달이 뜨면 축제를 열고 음악에 맞춰 춤을 즐긴다. 노래와 연주 솜씨가 뛰어나고, 춤추기를 무척 좋아한다.

엘프가 춤춘 자리에 선명한 녹색 원이 남는다. 이를 페어리 링 fairy ring(요정의 고리)이라고 부른다. 사람이 그 속에 발을 들여놓으면 갑자기 눈이 멀거나 이상한 병에 걸려 몸이 마른다. 사람을 유혹할 때도 있고, 드물긴 하지만 사람과 사랑에 빠져 결혼도 한다. 요정과 인간 사이에 태어난 아이를 하프 엘프라고 부른다.

Undine

운디네

운디네는 아스트랄계(정신세계)에 사는 물의 요정이다. 산과 바다, 숲 등 여러 장소에 산다고도 한다. 가냘프고 아름다운 소녀의 모습이며 몸에서 무지갯빛이 나타난다. 평소에 얌전하지만, 사람에게 배신당하면 반드시 보복한다. 인간과 결혼하면 영혼을 얻을 수 있기 때문에 종종 인간과 사랑에 빠지지만 슬픈 결말일 때가 많다.

운디네와 결혼한 남편이 물가로 운디네를 데려가거나 욕을 하면 물속으로 돌아가야만 한다. 운디네와 결혼했던 남자는 재혼을 할 수 없다. 만약 재혼하면 운디네가 그 남자의 목숨을 빼앗아야 한다. 물은 생명의 원천임과 동시에 위험이라는 속성을 가지고 있

기 때문이다.

운디네의 영향을 받은 작품으로는 안데르센의 〈인어공주〉가 있다. 그리고 독일 작가 푸케는 물의 요정을 소재로 〈운디네〉라는 작품을 썼다. 기사 홀트브란트는 숲속을 헤매다가 우연히 물의 요정 운디네를 만나 운명적인 사랑에 빠졌다. 운디네는 자신이 물의 요정임을 고백하지만 그는 운디네를 사랑하는 자신의 마음은 영원히 변하지 않을 것이라며 맹세하고 또 맹세했다. 그날부터 운디네는 홀트브란트의 여자가 되었다.

홀트브란트는 운디네를 아내로 맞아 살기 위해 집으로 돌아갔다. 인간과의 결혼으로 영혼을 얻게 된 운디네의 도시 생활은 처음에는 순탄한 듯 보였다. 하지만 사람들이 외부인인 운디네를 멀리하면서 운디네는 사람들로부터 점점 고립되어 갔다. 그런 상황에서 친구가 되어준 것은 남편 홀트브란트의 연인이었던 베르탈다였다. 그녀는 진심으로 운디네와 깊은 우정을 나누었다. 홀트브란트 역시 베르탈다를 순수한 마음으로 대했다. 그러나 우정은 오래가지 못했다. 홀트브란트의 마음이 운디네로부터 멀어져 베르탈다에게 가까워져 갔다. 순수한 마음이 애정으로 발전하면서 두 사람은 노골적으로 운디네를 따돌리기 시작했다. 슬픔에 빠진 운디네는 갈수록 야위어갔다.

변심은 운디네의 삼촌 퀼레보른의 분노를 샀다. 그러나 운디네는 여전히 자신의 남편을 사랑했고 퀼레보른에게서 훌트브란트를 보호했다. 하지만 훌트브란트는 진심을 외면하고 물가에서 운디네를 비방하지 말라는 금기를 깨뜨렸다. 그는 결국 아내를 배신하고 말았던 것이다.

결국 운디네는 다시 물로 돌아가야만 했다. 비통한 마음으로 눈물을 흘리며 강물 속으로 사라져 갔다. 운디네가 떠난 후 훌트브란트는 잠시 슬픔에 잠겼지만 그것도 잠시였다. 그는 곧 베르탈다와 재혼을 하기로 한다. 퀼레보른은 훌트브란트의 주변을 맴돌며 복수의 기회를 노렸다.

결혼식 전날 밤, 훌트브란트의 꿈에 운디네가 나타나 자신이 닫아 둔 우물의 뚜껑을 열면 목숨이 위험하니 절대 열지 말라고 당부한다. 여전히 훌트브란트를 사랑했기에 그의 생명을 지켜주려 했다. 그러나 이 사실을 모르는 하인들이 그만 뚜껑을 열어버리고, 결국 훌트브란트는 우물가에서 나온 물의 요정에게 목숨을 잃고 말았다. 배신한 남자의 목숨을 직접 빼앗아 와야 하는 것은 거부할 수 없는 물의 법칙이었기 때문이다.

칼립소

그리스 요정 칼립소는 전설의 섬 오기기아에서 홀로 산다. 칼립소는 그리스어로 '감추는 여자'라는 뜻이다. 바다의 요정으로 아름다운 여인의 모습을 하고 있다. 칼립소는 그리스 신화의 티탄족 아틀라스 또는 오케아노스의 딸이라고 한다. 바다의 요정 네레이데스 중 하나이다.

네레이데스는 모두 50명으로 제우스와 포세이돈, 아폴론 등 올림포스의 남신들이 모두 사랑했던 테티스(그리스의 영웅 아킬레우스의 어머니), 포세이돈 아내인 암피트리테, 프사마테, 갈라테이아가 유명하다.

칼립소는 오디세우스가 난파를 당하고 표류해 섬에 오자 그를

사랑해 7년 동안 붙들어 둔다. 마법으로 사람에게 영원한 삶과 권력과 부를 줄 수 있는데, 이것으로 오디세우스를 섬에 남아 있도록 유혹했으나 고향을 향한 그리움만은 잠재우지 못했다.

오디세우스를 불쌍하게 여긴 제우스는 칼립소에게 헤르메스를 보내 오디세우스의 귀국을 돕도록 설득했다. 이에 칼립소는 목수의 도구와 재목을 주어 오디세우스의 항해 준비를 도왔다. 칼립소가 오디세우스의 아들을 낳았다는 설이 있으며, 아들의 이름에 대해서는 설이 다양하다.

Kelpie

켈피

　스코틀랜드 요정 켈피는 나무의 요정인데, 다양한 형상으로 모습을 바꿀 수 있다. 말과 사람으로 자주 변신하는데 대개는 윤기가 흐르는 잿빛 야생마의 모습으로 나타난다. 발에는 물갈퀴가 있다. 말로 변한 켈피는 사람이 탈 때마다 등이 늘어나기 때문에 한꺼번에 여러 사람을 태울 수도 있다.

　켈피는 호숫가 언덕에서 지나가던 사람에게 등을 내주며 유혹한다. 대부분 사람은 매력적인 켈피의 모습에 이끌려 등에 올라탄다. 일단 사람이 등에 오르면 힘차게 호수로 내달린다. 수면을 가로지르면서 발굽으로 거품을 일으키고, 등에 탄 사람이 공포에 사로잡혀 정신을 잃을 때까지 달리며 장난을 즐긴다. 이 장난은 켈피

가 시시하다고 느낄 때까지 계속된다. 그러나 고삐를 켈피의 목에 걸면 거꾸로 사람의 뜻대로 조종할 수 있다. 그런데 그때 켈피를 심하게 학대하면 대대손손 저주를 받는다.

호수 근처와 물속에서 살고, 아이가 켈피의 유혹에 넘어가 등에 타면 물보라를 일으키며 물속 깊이 뛰어들어 간 뒤 잡아먹었다. 켈피가 아이를 잡아먹은 다음 날이면 수면에 떠오른 아이의 창자를 볼 수 있다고 한다. 또한 강물을 불려서 지나가던 사람을 물속으로 끌어들이기도 한다.

3부

공포
유발자들 ──────────────────

MYTHOLOGY

Goblin

고블린

프랑스 요정 고블린은 더럽고 인간에게 해로운 요정이다. 성질은 포악하고 교활하며 인간을 불행하게 만드는 게 취미이다. 고기를 좋아해서 사람을 잡아먹기도 한다. 그리고 성욕이 강해서 인간 여자와 강제로 성관계를 갖기도 한다. 이때 태어난 아기는 대부분 지능이 떨어진다.

수명은 30년으로 다른 요정들에 비하면 매우 짧다. 키는 1미터쯤 되고 짐승 같은 얼굴, 돼지의 눈, 납작한 코, 날카로운 이빨을 가진 추악한 모습이다. 손가락은 유난히 길며 손톱은 매우 날카롭다. 머리카락은 제멋대로 뒤엉켜 있고 얼룩진 피부에서 썩은 냄새가 난다. 햇빛을 싫어해 어두컴컴한 동굴에 숨어 산다. 사람들이 사는

마을에 숨어들어 마음에 드는 집에 거처를 마련하는 경우도 있다. 특히 마을에서 홀로 따로 떨어진 낡고 오래된 집을 좋아한다. 한곳에 정착하지 않고 자주 거처를 옮겨 다니는데, 새로운 장난거리를 계속 찾아다니기 때문이다.

고블린은 사람이 모두 잠든 깊은 밤에 활동하면서 짓궂은 장난을 즐긴다. 사람의 귓속에 들어가서 악몽을 꾸게 하거나 지나가는 사람의 발을 걸어 넘어뜨리고는 즐거워한다. 그뿐만 아니라 막 지은 밥에 모래나 재를 뿌리고, 이정표 방향을 바꿔놓아 사람들이 길을 잃게 하는가 하면 지나가는 나그네에게 마법을 걸어 금품을 빼앗기도 한다. 사람을 납치하는 경우도 있는데 그때는 고블린끼리 서로 싸우게 하면 탈출할 수 있다.

고블린은 엘프와 놈에게 특별한 증오심을 지니고 있다. 그들을 발견하면 즉시 공격하고 붙잡아 가혹한 고문을 가한다. 고블린은 집단으로 살면서 가장 힘이 센 동료를 우두머리로 삼아 위계질서를 세운다. 하지만 개인주의 성향이 워낙 강해서 우두머리의 명령을 무시할 때가 많다.

Tengu

덴구

일본의 덴구는 악마의 세계를 지배하는 정령이다. 얼굴은 붉고 코가 길쭉하면서도 매우 높다. 종에 따라서는 코 대신 새처럼 부리를 갖고 있기도 하다. 덴구는 등에 달린 날개로 하늘을 자유롭게 날 수 있다.

승복 차림에 높은 게다(일본 사람들이 신는 나막신)를 신고, 허리에 큰 칼을 차고 손에는 항상 부채를 들고 다닌다. 으슥한 골짜기에 살며, 높은 법력을 가진 스님 앞에서는 제대로 힘을 쓰지 못한다.

덴구의 종류로는 가라스덴구, 다이덴구, 아쿠덴구, 온나덴구가 있다. 가라스덴구는 코 대신 새의 부리를 가지고 있다. 스님 복장에 굽이 높은 게다를 신고 다닌다. 사람을 홀리거나 도를 닦는 스

3부 공포 유발자들   127

님을 타락시킨다.

다이덴구는 스님 복장에 높은 게다를 신고, 깃털 부채를 손에 쥐고 있다. 붉은 코가 유난히 길고 높다. 고승 중에서 거만했던 승려가 죽어서 다이덴구가 된다. 신통력이 뛰어나 천재지변과 전쟁을 일으키기도 한다. 사악한 정령임에도 일본의 여러 절에서 숭배되고 있다.

스님 중에서 깨달음을 얻지 못하고 죽으면 아쿠덴구가 된다. 그는 다른 스님의 공부를 방해하고 타락하게 해 자신처럼 덴구로 만들려고 한다. 불심이 깊은 신자에게는 두려움의 대상이다.

교만한 비구니가 죽어서 지옥에 떨어지면 온나덴구가 된다. 그는 사람을 공격해서 덴구로 만들었다. 사람으로 둔갑하더라도 자유롭게 하늘을 날 수 있었다.

Dullahan

듈라한

영국과 아일랜드의 듈라한은 불길한 요정이다. 목 위에 머리가 없고, 머리를 옆구리에 끼고 다닌다. 기사 복장을 하고 있으며, 코치어바우어라는 목이 없는 두 마리의 말이 끄는 검은 마차를 타고 다닌다. 마을에 누군가가 죽음을 앞두면 미리 알고 그 사람 집 앞에 나타난다. 듈라한이 나타나면 마을 사람은 모두 집 안으로 들어가 문을 걸어 잠그고 가슴을 졸이며 자신의 집을 그냥 지나치기를 기도한다.

듈라한이 방문한 집은 언제나 가족 중 한 명이 죽는다. 자기가 목적한 집 앞에 도착하면 그 집 사람 중 한 명이 문을 열기를 기다렸다가 양동이에 한가득 피를 뿌린다. 드물게 반시(아일랜드에서 죽음을 예언한다고 여겨진 여자 요정)와 함께 나타나는데 그때는 유명한 사람이 죽는다. 영국 아서 왕의 전설에도 마법에 걸린 목이 없는 기사에 대한 이야기가 있다.

새해 축제 때, 녹색 갑옷으로 무장한 거구의 기사가 아서 왕의 궁전으로 쳐들어왔다. 그는 거대한 녹색 도끼를 들고 원탁의 기사들에게 용기를 시험해 보자며 도전장을 냈다. 방법은 두 사람이 순서를 정해 상대방의 목을 자르는 내기였다. 황당한 제안에 원탁의 기사들은 아무도 그를 상대하지 않았다. 녹색의 기사는 원탁의 기사들을 향해 겁쟁이들이라 비웃으며 도발했다. 그러자 누구보다 명예를 소중히 여기는 가웨인이 도전에 응했다. 녹색의 기사는 가웨인의 용기에 경의를 표하고 그에게 도끼를 건네며 순서를 양보했다.

"기회는 한 번뿐이오. 내가 살아나면 그다음엔 당신 차례요."

가웨인은 자신만만한 녹색 기사의 태도를 도저히 이해할 수 없었다. 자신의 손을 빌어 목숨을 끊으려는 의도 외에는 달리 생각할 수 없었지만 목숨을 건 시합이니만큼 확실하게 상대 목을 쳐서 머리를 떨어뜨려야 했다. 가웨인은 도끼로 단숨에 녹색 기사의 목을 내려쳤다. 그 순간 기사의 머리가 그대로 땅에 떨어졌고, 모두 그가 죽었다고 생각했다. 하지만 기사의 몸이 움직이더니 두 손으로 떨어진 머리를 주워들었다. 그 순간 가웨인은 상대의 덫에 걸렸다는 사실을 깨달았다.

"가웨인 경, 이번에는 내가 당신의 목을 칠 차례요. 하지만 당신에게 1년의 시간을 주겠소. 1년 후 내가 정해준 장소에서 시합을 마무리합시다."

기사는 가웨인에게 1년 후 녹색 성당에서 만나자며 장소를 알려주고 홀연히 사라졌다. 시간이 흘러 마침내 약속된 날짜가 다가왔다. 가웨인이 기사와의 약속을 지키기 위해 길을 떠나려고 하자 동료들이 극구 만류했다. 그는 만류를 뿌리치고 약속 장소로 떠났다.

가웨인은 도중에 한 남자를 만나 그의 집에서 사흘 동안 신세를 지기로 했다. 집주인은 날마다 얻는 것을 서로 교환하자며 제안했고, 가웨인도 그에 응했다. 다음 날 남자는 사냥을 나갔다. 집주인이 사냥을 나간 동안 그의 아내는 가웨인을 유혹하려고 했다. 첫째 날에는 키스를 한 번 했고, 다음 날에는 두 번, 그다음 날에는 세 번 했다. 그녀는 가웨인에게 허리에 두르고 있으면 죽음을 막을 수 있는 녹색 벨트를 주었다. 당황한 가웨인은 그녀에게 키스를 돌려주었지만 녹색 벨트는 간직했다. 나흘째 되던 날, 녹색 기사가 일러준 장소로 길을 떠났다.

가웨인이 성당에 도착하니 녹색 기사는 이미 와서 기다리고 있었다. 가웨인은 자신의 운명을 담담히 받아들였다. 기사는 녹색 도끼를 높이 들어 올려 목을 내려쳤다. 그런데 도끼는 목을 살짝 스쳐 작은 상처만 냈을 뿐이었다. 가웨인이 고개를 들어보니 녹색 기사의 머리가 어느새 몸에 다시 붙어 있었다. 어리둥절한 가웨인에게 녹색 기사가 말했다.

"나는 그대의 이모인 모건 르 페이의 기사 베르킬라크다. 그대의 이모는 원탁의 명예를 시험해 보려고 했지. 그대는 잘했어. 벨트를 나에게 넘기지 않았기에 우리의 계약이 깨졌을 뿐."

베르킬라크는 다름 아닌 집주인이었다. 그는 분통을 터뜨렸지만 가웨인은 원탁의 명예를 지킬 수 있었다.

Lamia

라미아

라미아는 그리스 요정으로, 윗몸은 아름다운 여성이고 아랫몸은 징그러운 뱀이다. 사람의 피를 빨아먹는 사악한 흡혈 요정이다. 자기 눈을 자유자재로 뺐다 낄 수 있다. 그 능력을 이용해 멀리서 생긴 많은 일을 알아낸다. 아프리카 사막의 오아시스와 동굴, 인적이 드문 숲과 정글에서 산다.

라미아는 성격이 잔인하고 포악하며 사람의 피를 좋아한다. 사막을 여행하는 나그네를 유혹해 피를 빨아먹거나, 아름다운 미녀로 모습을 바꾼 뒤 아이들을 유괴해 잡아먹는다. 어린아이를 양육하는 고대 그리스 사람들은 말 안 듣는 아이에게 라미아가 온다면서 겁을 주었다.

라미아는 원래 벨로스와 리비아 사이에서 태어난 딸이다. 벨로스는 바빌로니아의 전설적인 왕으로 사후에 신으로 존숭되었고, 리비아는 이오의 아들 에파포스와 나일강 신의 딸 멤피스 사이에서 태어난 아이이다. 아프리카 북부 해안 일대 지역 리비아는 그녀의 이름에서 유래되었다.

라미아는 뛰어난 아름다움 덕분에 제우스의 연인이 되었다가 헤라의 미움을 받았다. 질투심에 불탄 헤라는 라미아의 하반신을 뱀 꼬리로 바꿔버렸다. 게다가 라미아가 아기를 낳을 때마다 삼켜버리도록 만들었다. 자식을 삼켜버리면서 자포자기한 그녀는 실성해 다른 아이들까지 유괴해 잡아먹기 시작했다. 헤라클레스와의 사이에 세 명의 아이를 낳았다는 이야기도 전해진다.

라미아에 대해서는 또 다른 이야기가 전해진다. 옛날 코린트 근처에 리시우스라는 청년이 살았다. 그는 우연히 한 여인을 만나 열정적인 사랑을 나누었고, 두 사람은 곧 결혼식을 올렸다. 성대한 결혼 잔치가 한창 무르익어 갈 무렵, 신부의 낯빛이 갑자기 창백해졌다. 이마에 진땀이 흐르고 숨소리가 거칠어지더니 몸이 사시나무 떨 듯했다. 깜짝 놀란 리시우스가 부축하자 그녀는 하객 중에서 한 노인을 가리켰다. 그는 당대 유명한 철학자로 리시우스가 존경하는 스승이었다. 그가 심각한 표정을 지으며 신부를 뚫어지게 쳐다보고 있었다. 마침내 그가 리시우스에게 다가와 말했다.

"자네는 신부의 정체를 알고 있는가? 그녀는 사악한 뱀일세. 자네를 죽이고 말 거야."

갑자기 신부가 큰 소리로 울부짖기 시작했다. 하객들의 시선이 일제히 신부에게 쏟아졌다. 그녀는 고통스러운 듯 온몸을 마구 흔들며 몸부림쳤다. 이윽고 그녀가 섰던 자리에 초록빛 비늘로 뒤덮인 거대한 뱀이 나타났다. 뱀이 된 신부는 순식간에 사람들 눈앞에서 사라졌다. 사랑하는 연인을 잃은 리시우스는 망연자실하다가 결국 스스로 목숨을 끊고 말았다. 졸지에 결혼식은 장례식으로 변했고 예복은 수의가 되었다.

라미아와 비슷한 존재로는 에키드나가 있다. 이 둘은 윗몸은 아름다운 여자, 아랫몸은 큰 뱀이라는 공통점 때문에 종종 동일시되기도 한다. 하지만 이 둘은 기원부터가 다르다. 그리스 신화에 따르면 라미아는 몽마이고 원래 리비아의 여신이었던데 반해서, 에키드나는 흑해 연안에 있는 그리스 식민지의 전설에 나오는 여신(괴물)이기 때문이다.

Redcap

레드캡

　영국 요정 레드캡은 저주받은 성에 사는 잔인하고 사악한 요정이다. 레드캡 혹은 파우리, 던터 또는 블러디캡으로도 불린다. 눈동자가 붉고 입에는 멧돼지 덧니 같은 긴 이빨이 삐져나와 있다. 손톱은 칼처럼 날카롭고 송곳처럼 뾰족하다. 머리에 항상 붉은 모자를 쓰고 있다. 몸집이 작고 뼈만 앙상한 완고한 노인의 모습이다. 발에는 쇠로 만든 부츠를 신고 있지만 엄청나게 빠른 속도로 달릴 수 있다. 고블린과 같은 종이다.

　레드캡이 사는 성에 들어간 사람은 목숨을 부지하기 어렵다. 방문객은 대부분 길을 재촉하던 나그네이다. 날이 저물어 하룻밤 쉬다 가려고 레드캡의 성에 들어갔다가 성 주인이 휘두른 도끼에 목숨을 잃는다. 레드캡은 자신의 성에 들어온 침입자에게 호의를 베풀거나 살려서 돌려보내는 일이 절대 없다.

희생자가 흘린 붉은 피로 모자를 다시 붉게 물들이는 것을 좋아한다. 그러고는 다른 성으로 옮겨 간다. 이 요정을 물리치려면 성경을 외우거나 십자가를 보여주거나 십자가 문양이 새겨진 칼자루를 보여주면 된다. 십자가를 보면 비명을 지르며 도망가는데 이때 갈고리 같은 손톱만 남겨두고 간다.

Bodach

바다흐

바다흐는 스코틀랜드의 고원지대에 산다. 사람과 비슷하게 생겼지만, 자세히 보면 매우 흉측하고 우스꽝스럽다. 보통 여기저기 어슬렁거리며 돌아다닌다. 부모의 말을 안 듣는 아이를 보면 굴뚝으로 들어가서 잡아간다. 그러나 사람들 앞에 모습을 보이는 경우는 매우 드물다.

스코틀랜드의 부모들은 아이가 울면서 떼를 쓰거나 말썽을 부릴 때, 바다흐가 잡아간다며 겁을 주어 혼을 내기도 한다. 이 요정이 나타나면 그 집에서 누군가 죽어나간다. 반시와 듈라한처럼 죽음을 예고하는 요정이다. 미국 작가 딘 쿤츠의 작품 《살인예언자》에는 바다흐가 죽음의 냄새를 맡고 몰려드는 유령으로 등장한다.

버번시

　영국과 스코틀랜드에 주로 나타나는 버번시는 사악한 요정이다. 사람들의 피를 빨아먹는 뱀파이어의 일족으로 여겨지며, 날개가 달려 있어서 날 수 있다. 버번시는 빛을 싫어해서 주로 밤에 활동한다. 녹색 드레스를 입은 아름다운 여성의 모습으로 돌아다니며 인간을 유혹해 피를 빨아 먹는다. 특히 젊은 남자의 피를 좋아한다.

　버번시는 얼굴이 아름다워서 남자들을 쉽게 유혹하지만, 사슴 발굽처럼 흉측한 발 때문에 정체를 들킬 때도 잦다. 대부분 혼자 다니지만 여러 명의 인간을 유혹할 때는 여럿이 함께 나타난다. 이 요정은 사람을 홀려 함께 춤을 추는데 이때 피를 빨리면 죽을 때까지 춤을 멈출 수 없다. 버번시에게 화를 당하지 않으려면 네잎클로 버를 몸에 지니고 다녀야 한다.

스코틀랜드에는 사악한 흡혈 요정으로부터 목숨을 구한 청년 이야기가 전해진다. 청년은 친구들과 함께 산을 넘다가 날이 어두 워져 숲속 낡은 오두막에서 하룻밤 묵기로 했다. 그런데 어디선가 아름다운 여인 네 명이 찾아와 그들을 깨웠다. 그들은 제각각 여인 들의 손을 잡고 짝을 지어 노래를 부르고 춤을 췄다. 한참 춤을 추 는데, 친구들의 몸에서 피가 뚝뚝 떨어지는 것이 보였다. 혼비백산 한 청년은 마을 쪽으로 허둥지둥 도망쳤다. 그러자 함께 춤을 추던 여인이 뒤쫓아 왔다.

청년은 죽을힘을 다해 도망쳐 간신히 여인을 따돌릴 수 있었 다. 날이 밝자 청년은 친구들이 걱정되어 다시 오두막으로 가보았 다. 집 안에는 피를 빨린 친구들의 시체만이 널려 있었다. 마을로 돌아온 청년은 사람들에게 그 사실을 알렸다. 마을 사람들은 어젯 밤 그 여인들이 바로 버번시일 거라고 말해주었다.

Boggart

보가트

스코틀랜드 요정 보가트는 주로 사람들의 집에 산다. 코는 길고 뾰족하며 몸에 까무잡잡한 털이 있다. 늘 찢어진 옷을 입고 다닌다. 성격이 나쁘고 장난이 심하며 몹시 변덕스럽다. 취미는 사람과 가축 괴롭히기이다. 사람에게 장난을 칠 때 '폴터가이스트'를 일으켜 마을 전체를 공포의 도가니로 몰아넣는다.

폴터가이스트는 이유 없이 가축이 울부짖고 물체가 제멋대로 공중에 날아다니고 창문이 부서지고 아무도 없는 곳에 누군가 뛰어다니는 소리가 나는 등의 심령 현상을 말한다. 새벽이 되어 날이 밝으면 이 현상은 사라진다. 심령 과학을 소재로 한 공포 영화에서 이 현상을 자주 볼 수 있다.

보가트는 집을 부수거나 아이들의 식사를 훔쳐 먹거나 그릇을 깨뜨리기도 한다. 원래 착한 브라우니였으나, 자신이 좋아하던 사람이 죽거나 모욕을 받으면 성질이 더러운 보가트로 변한다. 보가트에게서 벗어나려면 다른 지역으로 몰래 이사해야 한다. 머뭇거리면 보가트가 눈치를 채고 이삿짐에 숨어서 따라간다. 이럴 때는 이사하기 전보다 더 혹독한 대가를 치른다.

Bogies

보기

영국의 심술꾸러기 요정을 보기라고 부른다. 보기는 평소 잘 열지 않는 서랍과 보석함 등에서 산다. 딱히 정해진 모습은 없다. 바람에 날리는 먼지나 유령 같은 존재로 한국 도깨비와 같은 종이다.

호기심이 많아서 밤에 몰래 집 안을 돌아다닌다. 사람에게 관심이 많아 사람들을 훔쳐보고 따라다니며 관찰한다. 어두운 곳을 좋아하고 사람의 일에 쓸데없이 참견하기를 좋아한다. 성격이 나쁘고 변덕이 심해 심술도 잘 부린다. 그러나 멍청해서 오히려 사람에게 당하는 때가 더 많다. 랩 소리(찰싹거리는 소리나 딱딱거리는 소리)를 잘 낸다. 집에 보기가 있는지 알아보려면 집 안에 나 있는 구멍 안을 들여다보면 된다. 구멍 저쪽 편에 희미하게 빛나는 눈이 보이면 보기가 있다는 증거이다. 뒤통수에 누군가 바라보는 느낌이 드는 것은 실제로 보기가 그 사람의 머리 뒤에 떠다니기 때문이다.

영국에 전해오는 지혜로운 농부와 멍청한 보기의 이야기가 있다. 한 농부가 자신의 밭에 사는 보기 때문에 늘 고민했다. 보기는 자신이 밭의 주인이라고 우기면서 애써 가꾼 농작물을 망쳐놓기 일쑤였다. 보다 못한 농부는 보기와 농작물을 절반씩 나누기로 했다. 그 대신 농작물의 윗부분은 자신이 갖고 아랫부분은 보기에게 준다는 조건을 달았다. 보기는 농부의 제안에 매우 만족했다. 그해 농부는 밭에 보리를 심었다. 마침내 추수 때가 되어 수확을 거둬들였다. 약속대로 농부는 보리 알곡을 챙겼고 보기는 쓸모없는 뿌리를 갖게 되었다.

화가 난 보기는 조건을 바꾸자고 했다. 농부도 기꺼이 보기의 요구를 수용했다. 이렇게 해서 보기가 윗부분을 갖고 농부가 아랫부분을 갖기로 약속했다. 농부는 이번에 무를 심었다. 때가 되자 농부는 튼실한 무를 차지하게 되었고 보기는 무 이파리만 잔뜩 얻게 되었다.

Vodyanoy

보댜노이

　러시아 물의 요정 보댜노이는 슬라브 신화에서 루살카의 아버지로 등장한다. 강물 밑에 금속과 보석으로 지은 궁전에 산다. 사람보다 키가 훨씬 크며 물고기와 개구리를 닮았다. 또 얼굴에 긴 푸른 수염이 있고, 물고기의 꼬리를 가지고 있다. 하지만 변신 능력이 있어서 거인, 긴 수염의 노인, 아름다운 여성으로 나타나기도 한다.

　물길이 막혔을 때는 어쩔 수 없이 물방앗간 근처 늪에서 산다. 그래서 강물을 막는 물레방아나 둑을 보면 홍수를 일으켜 파괴하려 한다. 물에 자유를 주기 위해서 둑을 허문다는 이야기도 있다. 성격이 잔인해서 이 요정을 만나면 위험하다. 자신의 영역을 침범

하는 사람에게 수종증을 일으킨다. 이 병에 걸리면 온몸이 스펀지처럼 물로 가득 찬다. 주로 밤에 활동하고 날이 저물면 메기를 타고 사람을 잡아먹기 위해 늪 주변과 호숫가를 돌아다닌다. 사람들이 물가로 오지 않으면 다른 곳으로 이동한다. 루살카와 달리 물밖에 오래 머무를 수 없어서 아무리 배가 고파도 마을까지 사람을 잡으러 가지 못한다.

보댜노이는 물고기의 지배자이기도 하다. 그래서 어부들은 보댜노이에게 가장 먼저 잡은 물고기나 담배를 바쳤다. 물방앗간을 지을 때는 보댜노이를 위해서 검은 수탉을 그 아래에 묻었다. 가뭄을 막기 위해 보댜노이에게 사람을 제물로 바치기도 했다. 제물이 된 사람은 잡아먹히거나 노예가 되었다.

Black Annis

블랙 애니스

블랙 애니스는 영국의 외눈박이 노파 요정이다. 인간을 잡아먹는 사악한 요정으로 얼굴은 새파랗고 덧니가 길고 희다. 손톱이 길고 쇠처럼 단단해서 손톱으로 동굴을 팔 수 있다. 레스타샤의 데인 언덕에 있는 동굴에 거주하는데, 동굴 안에는 그녀가 잡아먹은 사람과 양의 뼈가 어지럽게 널려 있다.

블랙 애니스는 마을로 내려가 아이가 있는 집의 창문에 손을 넣어 아이를 낚아채 가거나, 나무 위에 숨어 있다가 지나가는 나그네를 습격한다. 발이 표범처럼 빨라서 한번 표적이 된 사람은 절대 벗어날 수 없다. 사람을 잡아먹기 어려울 때는 새끼 양을 대신 먹는다.

블랙 애니스가 이빨을 갈면 그 소리가 멀리까지 울려 퍼진다. 소리가 들리면 부모는 아이를 집 안에 숨기고 문을 꼭 걸어 잠근 뒤, 창가에 가까이 가지 않게 해야 한다. 블랙 애니스의 힘은 피에서 나오는데 피를 흘리면 기운이 떨어진다. 그래서 작은 상처만 생겨도 치료를 위해 자신의 동굴로 황급히 돌아간다. 켈트 여신 다누(아일랜드 켈트족 신화에 나오는 대지의 여신. 투아타 데 다난 신족의 조상으로, 포워르족의 왕 브레스의 아내였다고 전해진다)의 딸이라고도 전해진다.

슬라브족의 민담에도 블랙 애니스와 유사한 바바야가Baba Yaga 라는 정령이 등장한다. 그녀는 주로 아이를 잡아먹는 사악하고 잔인한 존재이다. 바바야가는 눈길만으로도 사람을 돌로 만드는 능력이 있다. 돌로 만든 사람을 자기 집으로 데려가서 다시 육신으로 돌려놓은 뒤 잡아먹는다고 한다.

바바야가는 잡아먹은 사람의 뼈로 무시무시한 집을 지어 자신의 영역에 들어온 사람을 공포에 떨게 했다. 또 두개골로 울타리를 장식하거나 등잔으로 사용했다.

Scylla

스킬라

　스킬라는 메가라 왕 니소스의 딸이다. 또는 바다 괴물인 포르키스와 요정인 크라타이스의 딸이라고도 한다. 스킬라의 아름다움에 마음을 빼앗긴 수많은 구혼자가 있었지만 모두 뿌리쳤다. 바다의 신 글라우코스도 마음을 빼앗겨 연정을 품게 되었다. 그는 스킬라의 사랑을 얻기 위해 마녀 키르케에게 사랑의 묘약을 만들어달라고 했는데 이것이 화근이 되었다.

　글라우코스를 보고 첫눈에 반한 키르케는 오히려 스킬라를 포기하고 자신을 사랑해 달라고 애원했다. 글라우코스가 사랑을 거부하자 키르케는 스킬라에 대한 질투심이 불타올랐고, 사랑의 묘약 대신에 괴물로 변하게 하는 약을 만들었다.

키르케는 스킬라가 휴식을 위해 즐겨 찾는 만에 약을 풀어 넣고, 세 차례 저주의 주문을 외었다. 만을 찾은 스킬라는 아무것도 모른 채 헤엄치러 물속에 들어갔다. 그 순간 스킬라는 삼중 이빨을 가진 입과 여섯 개의 머리, 열두 개의 다리를 가진 흉측한 괴물로 변했다. 모습뿐만 아니라 성격까지 매우 포악하고 산악하게 변했다. 전승에 따르면 스킬라의 허리에 여섯 마리 개의 머리가 생겨는데, 이 개들은 항상 굶주림에 못 이겨 사납게 울부짖었다고 한다.

스킬라로부터 목숨을 구하려면 그녀의 어머니인 크라타이스의 도움을 받는 것 외에는 다른 방법이 없다. 스킬라는 그리스의 메시나해협 암벽의 어두운 동굴에 살았다. 카리브디스의 소용돌이 근처 동굴에 살면서 배가 지날 때마다 긴 목을 늘여 배에서 한 사람씩 물어 갔다. 스킬라는 목이 닿는 거리의 생물은 모두 잡아먹었기 때문에 해협을 지나는 선원은 늘 공포에 시달렸다.

스킬라는 헤라클레스에게 한번 죽었다가 아버지 포르키스의 힘으로 다시 살아났다. 그러나 끝내는 바위로 변하고 말았다.

Amadan

아마단

아일랜드와 스코틀랜드의 민간전승에 등장하는 요정 아마단은 저주를 부르는 불길하고 사악한 요정이다. 주로 달이 뜨는 밤이면 검은 옷을 입고 나타나 피리를 불며 사람을 홀린다. 아마단의 피리 소리에 홀린 사람은 미치거나 바보가 된다.

아마단의 옷을 만지기만 해도 팔이나 다리가 마비되어 평생을 불구로 살게 된다. 마음이 못된 사람과 늦은 밤 외진 곳을 다니는 범죄자를 희생양으로 삼는다. 그래서 나쁜 짓을 저지른 사람에게 아마단은 공포의 대상이다. 스코틀랜드 사람들은 아마단을 '광대 요정'이라고 부른다. 아마단과 마주치면 기도문을 읊거나 신의 가호를 빌면 안전하다.

Alleri brown

알레리 브라운

영국의 심술쟁이 요정 알레리 브라운은 피부가 갈색이다. 브라우니의 일족으로 길고 노란 머리칼과 수염이 온몸을 돌돌 감고 있어서 무엇을 입고 있는지 알 수 없다. 노인의 모습이고 키는 두 살짜리 어린아이 정도밖에 안 된다.

성격이 사악해 사람에게 도움을 받으면 보답 대신 오히려 골탕을 먹인다. 어떤 은혜를 받더라도 그 보답을 반드시 원수로 갚는다. "나에게 보답하지 않겠다면 일을 도와주겠다"라고 하며 농부의 일을 도와주기도 한다. 그런데 실수로 보답이라도 하면 평생 쫓아다니며 괴롭힌다. 심술쟁이 요정에게 친절을 베풀면 정말 위험하다. 우연히 이 요정과 마주치면 무조건 모르는 척하는 게 상책이다.

우리나라에 "은혜를 원수로 갚는다"라는 속담이 있다. 알레리 브라운의 성격에 딱 맞아떨어지는 속담이다. 알레리 브라운이야말로 은혜를 원수로 갚는 대표적인 요정이다.

Alberich

알베리히

　북유럽 신화의 소인족 요정 알베리히는 밤과 어둠에서 나온 음침한 세력이다. 지하 세계 스바르트알바헤임(검은 요정의 나라)에 산다. 드베르그와 같은 난쟁이지만 물에서 물고기로 변신할 수 있다. 알베리히는 바그너 가곡 〈니벨룽겐의 반지〉에서 악의 세력을 대표하는 존재이기도 하다.

　알베리히는 라인강의 황금을 재료로 만든 반지를 가지면 세상을 지배할 수 있다는 비밀을 알게 된다. 술수를 부려 황금 반지를 손에 넣어 그 힘으로 지하 세계에 황금의 왕국을 세우고 난쟁이들의 왕이 되었다. 그는 황금을 이용해 세계를 지배할 야망을 품었다.

　그런데 악의 신 로키가 지하 왕국으로 찾아와 황금과 반지를 모두 빼앗아 간다. 화가 난 알베리히는 반지에 무서운 저주를 퍼붓고 떠났다. 로키가 알베리히의 황금과 반지를 빼앗은 이유는 흐레이즈마르에게 몸값을 지급하기 위해서였다. 로키는 여행 중에 실수로 흐레이즈마르의 아들을 죽였다. 이 사실을 알게 된 흐레이즈마르는 복수를 위해 로키를 잡아서 억류했다.

로키는 오딘이 흐레이즈마르에게 몸값을 지급하겠다는 약속을 하고서야 겨우 풀려날 수 있었다. 오딘은 몸값을 지급하기 위해 로키를 알베리히에게 보냈다. 이렇게 해서 황금과 반지는 흐레이즈마르의 수중에 들어가지만 알베리히의 저주 때문에 그는 두 아들에게 살해당하고 만다. 그 후로도 알베리히의 저주로 수많은 영웅이 목숨을 잃었다.

독일에는 알베리히가 롬바르디아의 왕 오트니트를 도와준 전설이 전해진다. 오트니트는 아라비아 공주에게 구혼하기 위해 시리아로 모험을 떠났다. 하지만 청혼은 보기 좋게 거절을 당하고 만다. 공주의 아버지 술탄은 기독교인에게 딸을 줄 수 없다며 전쟁을 선포했다. 하지만 전투는 오트니트의 승리로 끝났다.

오트니트는 술탄과 병사들에게 자비를 베풀었고, 술탄은 마음을 돌려 공주와의 결혼을 승낙했다. 모험을 무사히 마치고 아름다운 왕비를 맞이하게 된 데는 무엇보다 난쟁이 왕 알베리히의 도움이 컸다. 그는 오트니트에게 마법의 검과 갑옷을 선물했고, 모든

언어를 자유롭게 구사할 수 있는 마법의 조약돌을 주었다. 덕분에 오트니트는 시리아 상인으로 변장해 부하들을 이끌고 시리아 항구에 들어갈 수 있었다.

알베리히는 상엄한 경비망을 뚫고 오트니트를 대신해 술탄에게 청혼 의사를 밝혔으며, 공주가 기쁜 마음으로 청혼을 받아들이도록 만들었다. 또 그는 승리한 오트니트에게 술탄과 병사들에게 자비를 베풀도록 설득했다. 만약 알베리히의 도움이 없었다면 모험은 실패로 끝났을지도 모를 일이다.

Imp

임프

임프는 아일랜드에서만 발견되는 변덕스럽고 교활한 숲의 요정이다. 키가 사람의 엄지손가락 크기인데, 아무리 커도 어린아이 정도이다. 온몸이 숯검정처럼 검고 새빨간 눈동자에 귀는 뾰족하다. 꼬리는 갈고리 모양을 하고 있다. 자기의 이름을 남이 부르면 싫어한다. 그래서 항상 이름을 숨긴다. 성격이 짓궂고 말썽을 심하게 부리는데, 사람 놀리기와 물건 훔치기를 좋아한다.

축축하고 물이 고인 곳, 특히 강둑을 좋아하며 그곳에서 사람들이 방심한 틈을 타서 등을 떠밀거나 발을 걸면서 장난을 친다. 그래서 임프를 작은 악마 또는 작은 귀신이라고 부른다. 드물게 사람을 도와줄 때도 있지만 그 도움을 빌미로 높은 대가를 요구한다.

그러므로 임프의 도움을 받을 때는 절대 경계를 늦추면 안 된다. 중세 때부터 학자와 소설가는 임프를 뿔과 박쥐 날개가 있는 악마로 묘사했다. 작품 속 임프는 주로 마녀의 심부름꾼으로 등장한다. 영국에서는 인간을 아내로 맞이하고 싶어 했던 임프의 이야기가 전해 내려온다.

어느 마을에 욕심 많은 어머니와 아름다운 딸이 살았다. 소녀의 아름다움에 대한 소문은 온 마을과 이웃 마을을 거쳐 영주의 귀에까지 들어갔다. 영주는 두 눈으로 직접 아름다움을 확인하고 싶어 초라한 오두막집을 찾았고 소녀의 아름다움에 마음을 빼앗긴다.

영주의 마음을 눈치챈 어머니는 딸의 자랑을 늘어놓기 시작했다. 그러다가 그만 딸이 하루에 다섯 타래의 실을 뽑을 수 있다는 거짓말을 하고 말았다. 아무리 능숙한 기술자도 하루에 한 타래의 실을 잣기가 어려웠다. 그런데 어린 소녀가 다섯 타래의 실을 잣는다는 말에 영주는 매우 놀랐다. 영주보다 더 놀란 것은 소녀였는데, 사실 소녀는 실 잣는 일을 배운 적도 해본 적도 없었기 때문이다. 영주는 믿을 수 없다는 듯 그 말이 사실인지를 여러 차례 물었고, 어머니는 너무나 당당하게 그렇다고 대답했다.

영주는 그 자리에서 소녀에게 청혼했다. 단, 결혼 후 1년이 되면 마지막 한 달 동안 실을 잣게 해 그 말을 증명하게 할 것이라고 했다. 덧붙여 거짓으로 드러날 경우 소녀를 처형하겠다는 말도 내

뱉었다. 어머니의 거짓말 덕분에 소녀는 영주와 결혼하게 되었다. 성에서 소녀는 하루하루를 여왕처럼 호화롭게 생활했다. 그러나 시간이 갈수록 소녀의 마음은 불안하기만 했다.

시간은 속절없이 흘러 드디어 약속한 1년의 마지막 달이 되었다. 그날 밤 소녀는 불안한 마음에 잠을 이룰 수 없었다. 허황된 거짓말로 자신을 위험에 빠뜨린 어머니와 거짓이 드러나면 처형하겠다는 남편의 비정함을 원망하며 눈물을 흘렸다.

그때 소녀의 눈앞에 난쟁이 하나가 나타난다. 난쟁이는 새빨간 눈동자에 귀는 뾰족했으며, 온몸이 검고 엉덩이에는 갈고리 모양의 꼬리가 달려 있었다. 소녀는 난쟁이의 정체가 이야기로만 듣던 임프라는 것을 알 수 있었다. 임프는 소녀에게 세상에서 가장 질이 좋은 실을 뽑아주겠다는 제안을 했다. 그 대신 자신의 이름을 알아맞혀야 한다는 조건을 걸었다. 매일 세 번 이름을 댈 수 있는데, 한 달 안에 자신의 이름을 알아내지 못하면 자신의 아내가 되어야 한다고 했다. 당장 내일부터 질 좋은 실을 영주에게 보여줘야 했던 소녀는 다급한 마음에 제안을 순순히 받아들였다.

다음 날 소녀는 물레와 실을 뽑는 재료인 아마가 준비된 방에 갇히게 되었다. 밤이 되자 임프는 창문을 통해 들어와 아마를 가지고 가서는 약속대로 다음 날 아침 다섯 타래의 실을 가져다주었다. 그때마다 소녀는 자신이 추측한 대로 임프의 이름을 세 번씩 불러

보았다. 그렇게 반복된 소녀의 일과는 어느덧 영주와 약속한 한 달을 채워가고 있었다.

영주에게 자신의 실 잣는 능력을 보여준 것은 기쁜 일이었지만, 임프가 내건 조건 때문에 소녀는 하루하루 피가 말랐다. 마침내 이름을 알아내야 할 기한은 하루 앞으로 다가왔다. 가슴이 바싹 타들어 갔다. 그날 밤 사냥을 다녀온 영주가 소녀의 방으로 찾아왔다. 그는 다음 날이면 끝날 아내의 실 잣는 일을 응원도 하고 축하도 할 생각이었다. 그런데 기뻐해야 할 소녀는 슬픈 표정으로 눈물만 흘렸다. 당황한 영주는 소녀를 위로하기 위해 사냥을 갔다가 겪은 괴상한 이야기를 들려주었다.

숲에서 한 난쟁이를 봤는데 그가 물레질을 하면서 "내 이름은 탐, 팃, 톳. 즐겁게 실을 뽑지요"라며 노래를 불렀다는 것이다. 뜻밖에 임프의 이름을 알게 된 소녀는 뛸 듯이 기뻤다. 다음 날 임프는 평소처럼 창문을 통해 들어와 다섯 타래의 실을 건네주었다. 그러고는 소녀를 향해 탐욕스러운 미소를 지었다. 미소에는 이제 곧 소녀가 자신의 여자가 되리라는 자신감이 잔뜩 묻어났다. 소녀는 영주에게 들은 대로 큰소리로 노래를 불렀다.

"내 이름은 탐, 팃, 톳. 즐겁게 실을 뽑지요."

그 노래를 들은 임프는 비명을 지르며 도망치더니, 그 후로는 두 번 다시 나타나지 않았다.

Jinn

진

아라비아의 요정 진은 타락 천사 이블리스의 자손이다. 불가사의하고 오묘한 영적인 세계, 즉 '알람 알 말라쿠트'의 거주자로 정령 또는 마신이라고도 불린다. 착한 진도 있고 사악한 진도 있기 때문이다.

진은 향수의 향처럼 형태가 없다. 인간에게 나타나려면 신비스러운 면을 지녀야 한다. 그래서 영적인 형태로만 인간에게 나타날 수 있다. 인간처럼 자유의지를 가지고 지성을 부여받아 실재를 파악하는 능력을 갖추고 있다.

《코란》에 의하면 진은 연기 나지 않는 불로 만들어졌다. 진의 수명은 인간의 수명과 비교할 수 없을 만큼 길다. 죽을 때는 대부분 하늘에서 떨어지는 별똥을 맞고 죽는다. 진짜 모습이 따로 없이 투명할 때가 많다. 몸을 축소하거나 여러 모습으로 변신한다. 하늘을 날며 순간 이동과 요술도 가능하다. 하룻밤 사이에 궁전을 짓기도 하고, 그 궁전을 다른 곳으로 옮기기도 한다. 진을 물리치려면 램프나 병에 가두어 뚜껑을 닫은 뒤 강력한 마법의 표식을 해두면 된다. 하지만 최고의 마법사만이 이 방법을 사용할 수 있다. 만약 진이 탈출하면 이전보다 훨씬 흉포해진다.

신에게 벌을 받아 반지나 램프에 갇힌 진도 있다. 만약 누군가 자기를 풀어주면 감사의 표시로 세 가지 소원을 들어주고, 주종 관계를 맺으면 주인에게 무조건 복종한다. 한편 《아라비안나이트》에서 진은 램프의 요정이다. 그는 머리가 벗겨지고 메기수염이 난 거인으로 나온다.

진은 다섯 단계의 계급으로 나뉜다. 마리드(마령), 샤이탄(악마), 이프리트(귀신) 진(요령), 쟌(악령)등이다. 이들을 모두 진이라고 부른다. 진의 제왕이자 주인은 타락 천사 이블리스이다. 그는 흙으로 만든 인간에게 절을 하라는 알라신의 명을 거역했고, 몇몇 천사들도 그에게 동조했다. 이들은 모두 신을 거역한 죄로 천국에서 추방당해 황량한 사막으로 쫓겨났다.

타락천사들 중 샤이탄은 이블리스를 따르는 핵심 추종자로 지옥에서 태어난 자라는 뜻이다. 이프리트는 황야의 제왕으로 불리

며 사막과 으슥한 골짜기에 거주한다. 허허벌판을 지나는 나그네를 노리기도 한다. 회오리바람과 흙먼지를 일으키고, 동물 울음소리와 바람 소리를 내서 겁준다.

Centaurs

켄타우로스

그리스의 켄타우로스는 윗몸은 사람, 아랫몸은 말이다. 즉 반은 사람이고 반은 동물인데, 요정의 일종이다. 성격이 교활하고 포악하며 야만스러운 종족이다. 다만 케이론(가장 현명한 켄타우로스로서 예언과 의술, 음악에 능하다. 그리스 신화 영웅들의 훌륭한 스승으로 헤라클레스, 아스클레피오스, 아킬레우스 같은 제자를 뛰어난 영웅으로 길러냈다)만은 성질이 온순하고 현명하다.

켄타우로스족은 원래 테살리아에서 라피타이 부족과 사이좋게 살았다. 그러나 라피타이의 왕 페이리토오스와 히포다메이아의 결혼식장에서 술에 취해 난동을 부리고 여자들을 범하려고 했다. 그 중에 에우리티온은 신부를 유괴하려 하기까지 했다. 그 결과 집단

난투극이 벌어졌고 많은 켄타우로스가 목숨을 잃었다. 켄타우로스족은 이 일을 문제 삼아 라피타이족과 전쟁을 했고, 그 전쟁에서 패한 켄타우로스족은 테살리아에서 쫓겨나 펠리온에 깊숙이 숨어 살았다.

나중에 그들 가운데 대부분은 헤라클레스의 손에 죽었다. 헤라클레스는 에리만토스산의 멧돼지를 추격하고 있을 때 켄타우로스족인 폴로스에게 극진한 대접을 받았다. 이때 헤라클레스는 구운 고기를 대접받았지만 술은 마시지 못했다. 동굴 속에 아직 개봉하지 않은 술독이 있었지만 폴로스는 그 술독이 디오니소스에게 받은 켄타우로스족 공유재산이므로 대접할 수 없다고 변명했기 때문이다. 그러자 헤라클레스는 그들의 인색함을 나무라며 술독을 개봉할 것을 강력하게 요구했다. 폴로스도 더는 거절하지 못하고 술독을 개봉했다. 그런데 술독이 개봉되자 술 냄새를 맡은 켄타우로스가 모여들면서 큰 소동이 일어났다. 헤라클레스는 히드라의 독이 묻은 화살로 켄타우로스들을 쫓아냈다.

당시 케이론은 마레아 반도에 살고 있었는데, 그에게로 도망치는 켄타우로스들에게 헤라클레스는 활을 쏘았다. 그 화살이 엘라토스라는 켄타우로스의 팔을 꿰뚫고 불행하게도 케이론에게까지 상처를 입혔다. 이 부상으로 온몸에 독이 퍼진 케이론은 목숨을 잃고 말았다.

폴로스는 헤라클레스의 화살에 호기심이 발동했다. 그 작은 화살에 거인 켄타우로스들이 죽어 나자빠지는 것이 너무 신기했다. 그는 화살을 신기한 듯 만져보다가 그만 실수로 발등에 떨어뜨렸고, 독이 삽시간에 온몸으로 퍼져나가 결국 죽고 말았다. 헤라클레스는 졸지에 스승인 케이론과 벗인 폴로스의 목숨을 잃게 했다.

켄타우로스족은 이 일로 헤라클레스에게 원한을 품게 되었고 그들 중 네소스는 복수의 기회만을 노렸다. 그리고 기회는 오래지 않아 찾아왔다. 헤라클레스가 데이아네이라와 결혼해 집으로 돌아가던 중 아이톨리아의 에베노스강에 이르렀을 때, 네소스가 나타나 데이아네이라를 강 건너까지 업어주겠다고 했다. 헤라클레스는 호의를 의심 없이 받아들였다.

그러나 강을 건넌 네소스는 돌변해 데이아네이라를 범하려 들었다. 화가 난 헤라클레스는 네소스를 향해 독화살을 쏘았다. 네소스는 죽으면서 데이아네이라에게 자기 피를 조금 간직해 두라고 했다. 만일 헤라클레스의 사랑이 식으면 자기 피를 속옷에 발라 입히라고, 그러면 사랑이 회복될 것이라고 했다.

데이아네이라는 네소스의 속임수에 넘어가서 그가 시키는 대로 하고 만다. 헤라클레스가 변심할 것이 두려워서 피를 바른 속옷을 헤라클레스에게 입혔다. 그러자 갑자기 온몸에 불이 붙어 헤라클레스는 비참한 최후를 맞이한다.

Circe

키르케

그리스 신화의 요정 키르케는 '독수리'를 의미한다. 태양신 헬리오스와 대양의 여신 페르세의 딸이다. 콜키스의 왕 아이에테스의 동생으로 '새벽의 섬'에 산다. 이 섬은 후에 그리스 로마 작가들에 의해 이탈리아 서해안의 키르케이의 반도와 동일시되었다. 요정보다는 여신에 가깝다는 주장도 있다. 질투심이 강하고 이기적이며 마법에 능해서 '마녀 키르케'로 불린다. 그녀는 자신을 화나게 하거나 적으로 여겨지면 모두 동물로 만들어버렸다.

어느 날 라티움의 왕 피쿠스는 숲속에서 사냥하고 있었다. 키르케는 피쿠스를 보자마자 첫눈에 반해 다가가려 했으나 피쿠스는 키르케에게 꺼지라고 명했다. 사랑을 거부당한 키르케는 분노로 멧돼

지 허깨비를 만들어 피쿠스를 덤불로 유인한 뒤 딱따구리로 만들어 버렸다.

키르케는 자신이 다스리는 섬에 침입한 사람들에게 요술을 부려 짐승으로 만든다. 오디세우스는 새벽의 섬을 정탐하기 위해 선발대를 보내고, 선발대 중 에우리로코스를 제외하고 모두 돼지로 변했다. 오디세우스는 부하들을 구출하기 위해 가던 중 헤르메스를 만나 키르케의 마법을 물리치는 방법을 배웠다. 그 덕분에 오디세우스는 부하들을 구할 수 있었다.

오디세우스는 그 섬에서 키르케와 1년간 살았다. 그가 떠날 때 키르케는 고향으로 가는 항로를 가르쳐주고 하데스가 다스리는 저승세계로 가서 죽은 자의 영에게 지시를 받으라고 충고했다. 키르케는 오디세우스의 아들 텔레고노스를 낳았는데, 전승에 따르면 키르케가 낳은 오디세우스의 아들은 세 명이다.

Troll

트롤

　북유럽 요정 트롤은 매우 흉측하게 생겼다. 키가 크고 피부는 바위처럼 딱딱하며 등에 커다란 혹이 있다. 코는 허리까지 길게 늘어졌고 멧돼지처럼 긴 어금니가 입 밖으로 튀어나와 있다. 엉덩이에는 짐승의 기다란 꼬리가 있고 발톱은 길고 예리하다. 트롤은 변신을 잘하고, 앞날을 내다볼 수 있지만 머리가 나쁘다. 스칸디나비아의 여러 나라에서 산다.

　북유럽 신화에 의하면 요툰헤임에 살던 거인들이 신과의 전쟁에 패해 무능한 트롤이 되었다고 한다. 트롤은 사람의 물건을 훔치는 버릇이 있으며, 가끔 사람의 아이를 납치하기도 한다. 그때는 사람의 아이 대신 나이가 든 트롤을 아이 모습으로 둔갑시켜 사람

에게 양육을 받게 한다. 나이 든 트롤은 아기 어머니가 보살펴 주는 것을 좋아한다. 그러나 오래가지는 못한다. 마법으로 모습을 바꾸긴 했지만, 요정의 습성까지 바꾸기는 어렵기 때문이다. 트롤은 정체가 탄로 나면 납치한 아이를 대부분 집으로 돌려보낸다.

트롤이 아이를 납치하는 것은 인간의 생명력과 다산성을 요정 세계로 들이려는 열망 때문이다. 그들은 허약하고 노쇠한 혈통을 보강하기 위해서 인간의 힘과 재능이 필요했다. 납치할 때는 주로 세례를 받지 않은 아이를 선호했다. 아이를 인간 세계에 묶어둘 이름이 없기 때문이다.

사람들은 요정에게서 아이를 보호하기 위해 요람에 가위를 벌린 채 매달아 두었다. 엇갈리는 두 날이 십자가를 닮았고, 요정이 철을 두려워했기 때문이다. 아이 아버지의 바지를 요람에 걸쳐두거나 마늘을 다발로 묶어 요람 옆에 매어 두기도 했다. 요정에게 납치되는 것은 비단 아이들만은 아니었다. 산파도 요정의 출산에 불려가는 일이 허다했고, 젖이 나오는 유모도 요정 아기를 위해 납치되었다. 소년들이 요정의 노예로 끌려가 하인이 되거나 영토를 지키는 파수꾼이 되기도 했다. 처녀들은 납치당해서 요정의 아내나 연인이 되는 경우도 있었다.

노르웨이 극작가 헨리크 입센은 1867년에 희곡 〈페르귄트〉를 발표했다. 이 작품은 주인공 페르귄트가 세계를 방랑하고 고향에 돌아와 아내인 솔베이지의 사랑을 깨닫는 과정을 그리고 있다. 트롤의 무리는 페르귄트가 주변의 지저분한 것들을 보지 못하게 하려고 그의 눈을 뽑아버렸다. 이 작품으로 트롤의 존재는 널리 알려졌다.

Pazuzu

파주주

이라크의 파주주는 사악한 바람의 요정이다. 사자와 사람, 매, 전갈을 두루 합친 모습이며 늘 찌푸린 표정을 하고 다닌다. 성격이 변덕스럽고 사나우며 포악하다. 하늘을 날며 두 날개로 뜨거운 바람을 일으킨다. 파주주가 일으킨 뜨거운 바람에 닿은 사람은 두통과 구토를 일으킨다. 파주주 때문에 생긴 병을 고치려면 제물을 바치거나 신에게 기도해야 한다. 그래서 고대 메소포타미아 사람들은 파주주를 '바람', '남서풍의 마왕' 또는 '악마'라고 불렀다.

바빌로니아 사람들은 집을 보호하기 위해 흉측스럽게 생긴 파주주의 모형을 만들어서 집에 두기도 했다. 이 모형은 그들에게 부적과 같은 용도로 사용되었다.

파주주에게는 라마슈투Lamashtu라는 아내가 있다. 라마슈투는 사람처럼 생겼지만, 사자의 머리와 나귀 이빨을 가졌다. 열병을 일으키고 어린애를 채가거나 병에 걸리게 해서 피를 빨아 먹는다. 그리스 신화에 등장하는 라미아는 라마슈투의 화신 가운데 하나였다는 설이 있다. 바람의 요정 실프와 파주주는 천적 관계이다. 파주주의 공격을 받은 어느 마을이 실프의 도움으로 평화를 되찾았다는 이야기가 전해진다.

영화 〈엑소시스트〉에서 파주주는 메뚜기의 악마로 등장한다. 바람을 타고 와서 모든 것을 먹어 치우는 메뚜기 떼는 파주주의 성격과 매우 닮았다.

파한

영국 스코틀랜드 요정 파한은 높은 산 꼭대기에 산다. 그곳에는 풀과 나무가 없는 황량한 땅이어서 동물도 살지 않는다. 눈과 다리와 팔이 모두 하나밖에 없는 괴상한 모습이다. 덥수룩한 털로 덮인 팔은 특이하게도 가슴 한복판에 달려 있다. 대머리에 긴 수염이 자라 있고, 사슴 모피를 입고 다닌다.

고블린의 일족이며 성격이 잔인하고 악독하다. 혼자 있는 것을 좋아해 누군가 영역 안에 들어오면 무시무시한 곤봉을 휘둘러 잔인하게 살해한다. '작은 마물'로 불리지만 켈트 신화에 등장하는 거인족의 후손이라는 주장도 있다. 한국의 도깨비 중 독각귀와 매우 유사하다.

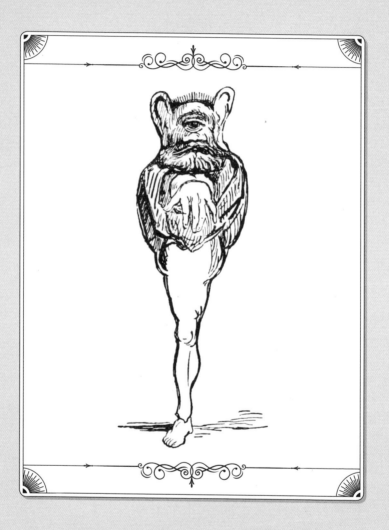

Pan

판

판은 목동과 가축의 신이다. 윗몸은 인간이고 아랫몸은 염소이며, 머리에는 조그만 뿔이 나 있다. 그리스 신화에 따르면 아르카디아 지방 출신으로 아버지는 헤르메스, 어머니는 요정 드리옵스로 알려져 있다. 일설에 따르면 어머니는 오디세우스의 아내 페넬로페이다. 그 외 아버지가 제우스, 크로노스, 디오니소스라는 주장과 어머니는 칼리스토, 히브리스라는 주장도 있어 진짜 부모가 누구인지는 알 수 없다.

헤르메스가 숲에 버려진 아기 판을 토끼 가죽에 싸서 올림포스로 데려갔다. 반인반수의 모습 때문에 버림받은 판은 오히려 신들의 귀여움을 독차지한다. 특히 디오니소스의 애정은 각별했다.

판은 숲과 들판에서 가축을 기르며 살았다. 그는 성적 욕구가 강해서 항상 요정과 미소년을 보면 추파를 던지며 쫓아다녔다. 어느 날 판은 숲속을 거닐다가 시링크스라는 아름다운 요정을 만났다. 아프로디테를 따르는 요정 중 하나였다. 시링크스의 아름다움에 마음을 빼앗긴 판은 치근덕거리며 그녀를 유혹했다. 시링크스는 정절을 지키기 위해 라돈강으로 달아났다. 강물에 막혀 더 이상 도망치지 못하자 강의 요정들에게 도움을 요청했다. 강의 요정들은 시링크스의 요청대로 그녀를 갈대로 만들어주었다.

그 모습을 본 판은 아쉬움에 자리를 뜨지 못하고 갈대만 바라보고 있었다. 때마침 바람이 불어와 갈대가 서로 부딪치면서 감미로운 소리를 냈다. 판은 그 소리에 매료되어 갈대를 잘라 피리를 만들었다. 그 피리가 바로 유명한 판의 피리, 즉 팬파이프이다. 판은 피리에 시링크스라는 이름을 붙여서 늘 몸에 지니고 다녔다.

판은 성격이 변덕스럽고 괴팍했으며 자주 화를 냈다. 그리고 낮잠을 즐겼는데 누군가 방해하면 히스테리를 일으키고 공포를 불어 넣어 패닉 상태에 빠뜨렸다. 패닉panic이라는 단어는 바로 '판'에서 유래했다.

Peg O'Neil

페그 오닐

영국 요정 페그 오닐은 랭커셔 지방의 리블강에 산다. 사악한 물의 요정으로 피부가 시체처럼 푸르스름하고 소녀처럼 생겼다.

7년에 한 번씩 사람을 산 제물로 익사시킨다. 원래 페그 오닐은 워드 홀이라는 저택의 하녀였다. 어느 추운 겨울밤, 그 집 안주인이 페그 오닐에게 우물물을 길어 오라고 시켰다. 페그 오닐은 어두운 밤길을 가다가 그만 얼어붙은 길에서 미끄러져 넘어졌다. 그때 목이 부러져 죽었는데, 억울하게 죽은 영혼이 원한을 품고 사악한 요정으로 다시 태어났다. 한국의 물귀신 또는 처녀 귀신과 같은 존재로 여겨진다.

Peg Powler

페그 파울러

영국의 티즈강에 사는 페그 파울러는 사악한 물의 요정이다. 긴 머리에 날카로운 이빨을 가졌다. 머리칼은 녹색이고 두 팔은 유난히 길다. 페그 파울러는 종일 자신이 사는 강을 오가며 사람의 목숨을 찾아 헤맨다. 그러다가 강가에서 노는 아이들을 보면 물속으로 잡아끌고 들어간다.

티즈강 상류의 수면에는 물거품이 많은데, 아이들은 그 거품을 '페그 파울러의 부글부글 거품'이라고 부르며 무서워했다. 이 요정의 존재를 아는 아이들에게는 강물조차도 두려움의 대상이었다.

4부

보이지 않는
이웃

MYTHOLOGY

Kikimora

기키모라

　슬라브인들은 유럽 전체 인구의 약 3분의 1을 차지하는 최대 민족으로 대부분이 러시아와 폴란드, 세르비아, 마케도니아에 이르는 중부와 동부 유럽에 살고 있다. 그들은 집과 관련된 일을 도와주는 가정의 여신을 여럿 숭배하는데, 그중 하나가 가정주부를 돕는 요정 기키모라이다.

　기키모라는 머리에 두건을 쓴 깡마른 난쟁이 소녀의 모습으로 귀는 늑대 귀, 입은 뾰족한 부리, 발은 닭발이다. 이 요정은 식구들이 잠든 밤에 주로 활동한다. 부지런한 주부를 좋아하고 베 짜기를 거들거나 집안일을 대신한다. 하지만 게으른 주부는 몹시 싫어한다. 게으른 주부가 있는 집의 아이에게 악몽을 꾸게 해서 매일 밤

울렸다. 그러면 주부는 고사리로 끓인 차를 가지고 부엌에 있는 모든 그릇을 깨끗이 문질러서 닦아야만 했다. 또한 베 짜는 실을 엉망으로 해놓아 일부러 골탕을 먹이고는 했다.

　이처럼 기키모라는 여자, 특히 가정주부에게 특별한 관심과 애정을 가졌다. 하지만 요정의 호의에도 불구하고 조심해야 할 것이 있다. 무슨 일이 있어도 요정을 보려고 해서는 안 된다는 것이다. 기키모라의 모습을 보거나 실 잣는 소리를 들으면 불행한 일이 생기기 때문이다.

Neck

네크

　네크는 스웨덴 강과 호수에 사는 요정으로 스칸디나비아반도의 인어와 같은 종이다. 인어의 윗몸은 사람, 아랫몸은 물고기인데 네크는 위아래 사람의 모습이다. 사람들과 섞여 있으면 네크를 찾기 어려울 정도이다. 하지만 항상 녹색 모자를 쓰고 다니고, 이빨이 녹색이기 때문에 주의해서 살피면 쉽게 구분할 수 있다. 사람과 비교하면 키가 작지만, 외모는 무척 매력적이다.

　네크는 엘프와 모습이 비슷해서 사람들이 네크를 엘프로 착각할 때도 있다. 둘을 구분하려면 이빨과 머리, 옷을 살펴야 한다. 네크는 물에서 살기 때문에 육지에 있을 때도 머리카락과 옷이 반드시 젖어 있다.

힘이 세고 나무를 잘 타고 달리기도 잘하며 변신 능력이 뛰어나다. 붉은 머리의 귀여운 소년이나 아랫몸이 말인 잘생긴 청년, 또는 긴 수염을 기른 노인으로 자주 변신한다. 네크는 음악에도 조예가 깊다. 특히 바이올린과 하프 연주에 뛰어나다. 인간이 네크의 연주를 들으면 자기도 모르게 물로 이끌려 들어간다.

스웨덴에는 네크와 여러 가지 시합을 한 소년의 이야기가 전해 내려온다. 네크와 소년은 진 사람이 이긴 사람의 요구를 들어주는 조건으로 시합했다. 첫 번째 시합은 나무 타기였다. 소년은 다람쥐를 자신의 동생이라며 시합에 내보냈다. 다람쥐는 순식간에 나무를 타고 올라갔고 네크는 결국 나무 타기 시합에 졌다. 두 번째는 달리기 시합이었는데, 이번에는 토끼를 또 다른 동생이라며 대신 내보냈다. 네크는 결국 두 번째 시합에서도 졌다. 세 번째 시합은 씨름이었다. 소년은 이번에 곰을 자신의 할아버지라며 네크와 씨름하게 했다.

네크는 씨름에서도 지면서 시합에 모두 패해 요구를 들어줘야만 했다. 소년은 바닥에 뒤집어 놓은 모자를 가리키며, 그 속에 금화를 가득 채워달라고 했다. 그런데 이상하게 상당한 양의 금화를 쏟아부었지만 모자는 채워지지 않았다. 소년이 미리 구덩이를 깊게 파고, 그 위에 구멍이 뚫린 모자를 올려놓았기 때문이다. 네크는 그 사실을 모른 채 금화를 모두 털어 넣고 빈털터리가 되었다.

Gnome

노움

꧁

　유럽 요정 노움은 흙의 요정이다. 몸에 털이 많고 우락부락한 모습의 난쟁이다. 항상 뾰족한 붉은 모자에 푸른 옷을 입고 다니며 노인의 모습이다. 키는 1미터 미만이고, 평균 수명은 대략 200년 이상이며 장수하면 400살까지 산다. 남성은 가슴까지 수염이 나 있다. 여성 노움도 350살이 넘으면 수염이 난다. 성격은 매우 명랑하고 술과 담배를 무척 즐긴다. 손재주가 뛰어나고 지능이 높다.

　노움은 대대로 금속을 다루는 특별한 솜씨를 이어받았다. 광석의 채굴에서 제련과 세공까지 모든 공정을 완벽하게 처리한다. 자신이 만든 훌륭한 보석과 금속 제품을 집에 보관한다. 주로 광산과 동굴, 땅 밑에 살면서 밤에 활동하고 낮에는 잠을 잔다. 동물과 사

이가 좋고, 들쥐를 애완용으로 기른다. 동물의 말을 하고 또 들을 수도 있다.

사람에게 보석을 선물하는 것을 좋아한다. 지질학적 지각 능력이 매우 뛰어나 광석이 매장된 위치를 정확하게 찾아낸다. 인간과 사귀지 않지만 잔치와 축제를 열 때는 손님으로 가끔 초대하기도 한다. 잔치가 끝나고 초대받은 손님들이 돌아갈 때는 보석을 선물로 준다고 한다.

Nisse

니세

덴마크와 노르웨이의 요정 니세는 시골집이나 헛간, 또는 교회에서 홀로 외로이 살아간다. 키가 15센티미터 정도이고 노인의 모습이다. 항상 머리에 붉은 고깔모자를 쓰고 회색 로브를 입고 다닌다. 니세는 브라우니와 부카, 코볼트와 같은 종족으로 여겨진다. 성격은 낭만적이며 감수성이 예민하다.

낮에는 집에 있지만, 밤에는 집 밖 여기저기를 돌아다닌다. 보름달이 환하게 대지를 밝히면 니세들은 마음이 들떠 서로 약속이나 한 듯 들판에 모여든다. 시끄러운 것을 싫어해도 음악을 무척 좋아한다. 축제는 밤이 새도록 이어지는데, 악기 연주에 맞춰 노래 부르고 흥겨운 춤판을 벌인다.

니세는 인간과 강한 유대감을 맺고 밤마다 몰래 인간의 일을 도왔다. 이들은 주로 부엌과 마구간의 일을 돕는데, 교회에 보금자리를 마련한 니세는 교회지기의 일을 도왔다. 교회 청소부터 종탑과 종을 관리하는 일은 물론이며 책꽂이와 벽을 보수하는 일까지 했다.

니세는 인간의 거주지에 더부살이하면서 집주인의 이익을 위해 적극적으로 나섰다. 게으른 하녀와 주인의 물건을 훔치는 도둑으로부터 재산을 지켜주었다. 그 보답으로 포리지(귀리에 우유나 물을 부어 걸쭉하게 죽처럼 끓인 음식) 한 그릇이면 만족했다.

농장에 사는 니세는 자기 집 식량이 부족하면 집주인을 위해 다른 농장의 곡식을 훔쳐오는 경우가 많았다고 한다. 만일 도둑맞은 농장에 다른 니세가 사는 경우에는 니세들끼리의 충돌도 피할 수 없었다.

덴마크에서는 집주인을 위해 곡식을 훔치던 두 니세의 이야기가 전해온다. 가뭄에 시달리던 한 마을에서 니세가 집주인을 위해 이웃집의 곡식을 도둑질하기 시작했다. 그런데 아무리 훔쳐다 놓아도 곳간 안의 곡식은 조금도 불어나지 않았다. 어느 날 곡식을 훔쳐오던 니세는 골목에서 이웃집 니세와 마주친다. 알고 보니 두 집의 니세들이 서로 곡식을 훔치고 있었다. 화가 난 두 니세는 격렬하게 맞붙어 싸웠다. 치열한 싸움 끝에 승자와 패자가 가려졌다.

승리한 이웃집 니세는 의기양양하게 곡식 더미 두 개를 가져갔고, 패배한 니세는 잔뜩 풀이 죽어 집으로 돌아갔다. 그는 헛간에서 잠을 자던 하인을 깨우고는 지금까지 있었던 모든 일과 앞으로 벌어질 일에 관해서 설명한 뒤 도움을 청했다.

니세는 다음 날 자정에 헛간 앞에서 불붙은 두 개의 마차 바퀴가 서로 싸우게 될 것인데 큰 마차 바퀴는 이웃집 니세이며, 작은 마차 바퀴는 자신이라고 한다. 하인에게 쇠스랑을 들고 숨어 있다가 싸움이 시작되면 이웃집 니세가 변신한 마차 바퀴의 살을 부숴달라고 부탁한다. 만약 자신이 이기면 농장은 번창할 것이고, 반대로 지면 재앙이 찾아올 것이라는 경고도 덧붙였다.

다음 날 밤, 하인은 니세가 일러준 대로 쇠스랑을 들고 헛간 부근에 숨어 곧 벌어질 싸움을 기다렸다. 잠시 후 니세의 말대로 불타는 마차 바퀴가 헛간을 향해 돌진하고 있었다. 헛간 쪽에서도 작은 불꽃이 일더니 이내 마차 바퀴로 변했다. 하인은 마차 바퀴의 크기만 보고도 아군과 적군을 쉽게 구분했다. 불타는 두 개의 마차 바퀴는 서로를 향해 맹렬하게 돌진하더니 강하게 충돌했다. 작은 바퀴는 큰 충격을 받은 듯 튕겨나가 벽에 부딪혀 쓰러졌고, 큰 바퀴는 쓰러지지는 않았지만 충격으로 비틀거렸다.

하인은 그 순간을 기다렸다는 듯 뛰쳐나가 사력을 다해 큰 바퀴의 살을 하나씩 부숴나갔다. 그때 작은 바퀴가 다시 일어나 성난 불길을 일으키더니 힘을 잃은 큰 바퀴를 향해 돌진했다. 강한 타격을 받은 큰 바퀴는 포물선을 그리며 공중으로 튀어 오르더니 별빛 사이로 아득히 사라졌다. 승리한 작은 바퀴는 다시 니세로 돌아왔다. 니세는 하인을 향해 잠시 미소를 짓더니 헛간 안으로 뛰어 들어가 모습을 감췄다.

니세는 그 뒤로 두 번 다시 모습을 나타내지 않았다. 그 후 니세의 말대로 아무리 흉년이 들어도 그 농장의 헛간만은 곡식으로 가득했다. 반면 이웃집 가세는 점점 기울어져 갔다.

도깨비

~~~

한국의 도깨비는 동굴과 오래된 우물, 절간, 흉가 등에서 무리를 지어 산다. 도깨비 종류는 매우 다양하다. 생김새에 따라 등불 도깨비, 멍석 도깨비, 강아지 도깨비, 장수 도깨비, 달걀 도깨비, 보자기 도깨비, 차일 도깨비, 바가지 도깨비, 조리 도깨비 등이 있다. 그 외 독각귀라는 도깨비도 있다. 이 도깨비는 말 그대로 다리가 하나밖에 없다.

내려오는 도깨비 이야기에 따르면 주로 사람들이 쓰다가 버린 헌 빗자루, 짚신, 부지깽이, 삽 같은 물건에 영혼이 깃들어 도깨비가 된다고 한다. 도깨비의 몸은 주로 푸른색이나 흰색 또는 누런색을 띤다.

도깨비 생김새에 대해서는 논란이 있지만, 고대의 기와(귀면와)

와 장승 등에서 그 모습을 엿볼 수 있다. 툭 불거져 나온 왕방울 같은 눈이 달려 있고, 머리에는 두 개의 뿔이 있으며, 크게 벌린 입에는 날카로운 이빨이 촘촘하게 나 있다. 성격은 심술궂고 활달하다.

도깨비는 짓궂은 장난이 취미이지만 꾀가 없고 미련해서 오히려 인간에게 속는 경우도 많다. 인간에게 큰 해를 주지는 않지만 은혜는 은혜로, 원수는 원수로 갚는다. 비가 부슬부슬 내리거나 안개 낀 밤에 활동하다가 새벽닭이 울면 사라진다. 도깨비가 출현할 때면 느닷없이 천둥과 번개가 치기도 한다. 대개 산길과 들길에서 인간과 마주친다.

도깨비는 어린이, 노인, 총각, 거인 등 다양한 인간의 모습으로 나타나기도 하는데 그 모습은 대부분 남성이다. 도토리묵과 술, 예쁜 여자를 좋아하고 노래와 춤을 즐긴다. 말의 머리와 피, 팥죽 등을 싫어한다. 특히 길 가는 나그네를 붙잡고 씨름하는 것을 유난히 좋아하는데 시합에서 인간에게 절대로 지는 법이 없다.

도깨비의 방망이와 감투에는 신비한 능력이 있다. 도깨비 방망이로 무엇이든지 원하는 것을 만들 수 있고, 감투를 쓰면 모습을 감출 수 있다. 그리고 도깨비는 하룻밤에 왕복 55킬로미터를 간다고 한다.

Dryads

드라이어드

❧

 그리스 요정 드라이어드는 떡갈나무에 사는 요정이다. 녹색 머리의 아름다운 여성인데 나이를 먹지 않아 항상 젊지만 불사신은 아니다. 자기가 사는 떡갈나무가 죽거나 그 나무에서 멀리 떨어지면 죽는다. 즉 나무를 돌보며 나무와 운명을 같이한다. 그리스 신화에서 신들의 사랑을 받는 떡갈나무는 신성한 나무이다. 특히 드라이어드가 사는 나무의 잎은 사계절 내내 싱싱하고 푸르다.

 드라이어드는 성격이 온순하고, 사람들에게 친절하다. 특히 젊고 잘생긴 영웅을 보면 유혹해서 자신의 곁에 두고 싶어 한다. 오르페우스의 아내 에우리디케도 드라이어드이다.

 드라이어드는 꿀벌을 마음대로 부리는 능력이 있다. 꿀벌은 드

라이어드가 사는 나무에 집을 짓고 살기 때문에 지배를 받는다. 떡갈나무에 둥지를 틀고 사는 작은 새와 다람쥐, 곤충 등도 마찬가지이다. 드라이어드는 나무를 베려는 나무꾼, 자기 부탁을 거절하는 사람, 약속을 어긴 사람에게는 반드시 복수한다.

요정과 인간의 약속은 잘 지켜지지 않는다. 그리고 약속을 어기는 쪽은 늘 인간이다. 또한 요정과 인간의 사랑은 대부분 비극으로 끝나는 경우가 많다. 드라이어드가 사는 떡갈나무를 나무꾼으로부터 시켜준 젊은 남자가 있었다. 드라이어드는 남자에게 보답하기 위해 소원을 한 가지 들어주겠다고 했고, 남자는 그녀의 연인이 되고 싶다고 했다. 드라이어드는 소원대로 연인이 되어주었고, 둘은 숲속에서 즐겁게 지냈다. 그러던 어느 날 남자는 문득 집 생각이 나서 부모를 만나고 오겠다며 길을 떠났다. 그러나 소식이 없어 걱정된 드라이어드는 꿀벌을 보내 남자의 소식을 알아오게 했다. 그때 고향으로 돌아간 남자는 돌아오겠단 약속을 잊고 다른 여자와 즐겁게 시간을 보내고 있었다.

꿀벌을 통해 그 사실을 알게 된 드라이어드는 화가 머리끝까지 치밀어 꿀벌들을 보내 남자의 눈을 찌르게 했다. 요정을 배신한 그는 불행히도 두 눈을 잃고 말았다. 이렇듯 인간과 요정의 사랑은 늘 불행한 결과를 낳았다.

Leprechaun

레프러콘

아일랜드 요정 레프러콘은 요정의 구두를 만들거나 고치는 일을 한다. 레프러콘은 '신발 한 짝을 만드는 자'라는 뜻이다. 얼굴은 주름투성이의 노인이고, 키는 약 60센티미터로 아주 작다. 수명은 200년이며 주로 나뭇잎을 먹고 산다. 항상 빨간 모자를 쓰고 다닌다. 단추가 일곱 개씩 두 줄로 달린 옷을 입고 있으며 가죽 앞치마를 두르고 있다. 신발을 한 짝만 만드는 버릇이 있다. 남과 어울리지 못하는 외톨이지만 요정 중에 가장 성실하다. 항상 열심히 일하기 때문에 황금을 많이 모아 큰 부자가 되었다. 하지만 황금 때문에 사람의 공격을 자주 받는다.

자신의 황금을 훔치거나 빼앗으려는 도둑을 싫어한다. 농담을

잘해서 요정들 사이에서는 훌륭한 익살꾼으로 통하기도 한다. 특기는 구두 만들기. 취미는 누군가를 놀리거나 장난치기이다. 장난꾸러기라는 별명을 가지고 있지만 인간을 괴롭히거나 해를 끼친 사례는 찾아보기 어렵다.

무지개 주변에 살면서 무지개를 타고 다니는데, 무지개 주위에 황금 항아리를 숨겨놓는 버릇이 있다. 인간이 레프러콘의 보물을 손에 넣으려면 무조건 협박해서 황금 묻힌 장소를 알아내야 한다. 하지만 그렇게 해서 보물을 손에 넣었다는 사람은 아무도 없다.

아일랜드의 옛 민담에 황금을 도둑맞은 난쟁이 이야기가 전해진다. 시골 마을에 사는 한 농부가 밭일을 하는데 갑자기 소나기가 쏟아져 고목 아래로 비를 피했다. 지나가는 소나기였는지 비는 곧 그쳤다. 하늘이 맑아지면서 언덕 위로 무지개가 펼쳐졌다. 그런데 무지개의 모양이 평소와는 매우 달랐다. 농부는 평소와 다른 점을 느껴 무지개를 유심히 관찰했다. 놀랍게도 무지개의 한쪽 끝이 자신의 집에 닿아 있었다. 이상하게 생각한 농부는 급히 집으로 발걸음을 재촉했다.

농부가 도착해 보니 집 앞마당에 웬 난쟁이가 땅을 파고 있었다. 농부는 몸을 숨긴 채 난쟁이의 행동을 지켜봤다. 잠시 후 구덩이를 깊게 판 난쟁이는 그 속에 항아리 세 개를 조심스럽게 넣고 그 위에 다시 흙을 덮었다. 그러고는 발로 땅을 다독여 구덩이를 판 흔적을 감쪽같이 없앴다.

일을 마친 난쟁이는 손을 툭툭 털고 삽을 챙긴 후 무지개 위로 뛰어올랐다. 난쟁이가 무지개의 중간 지점을 넘어갈 무렵 농부의 집에 닿아 있던 무지개는 서서히 사라지더니 어느덧 완전히 사라졌다. 그제야 농부는 난쟁이가 레프러콘이라는 사실을 깨달았고 서둘러서 구덩이를 팠다. 그 속에 있는 항아리를 모두 꺼낸 후 뚜껑을 열어보니 항아리마다 황금이 가득 차 있었다.

농부는 황금으로 넓은 대지를 사들여 그곳에 웅장한 성을 쌓아 올렸다. 그의 영지에 소작인들이 들어와 살면서 큰 마을을 형성했고, 재산을 관리하는 관리자와 수많은 하인까지 거느리게 되었다. 농부가 죽고 그의 후손이 영지를 물려받았을 때 재산은 더욱 불어났다. 그러던 어느 날, 비가 온 뒤 맑아진 하늘에 무지개가 떴다. 무지개의 한쪽 끝은 영주의 침실로 닿아 있었고, 하인들은 무지개를 타고 누군가 내려오는 것을 목격해 서둘러 영주의 방으로 달려갔다. 한편 영주는 느닷없이 들이닥친 난쟁이에게 영문도 모른 채 멱살을 잡혔다.

난쟁이는 영주에게 도둑놈이라고 욕설을 퍼붓더니 황금을 내놓으라며 고함을 질러댔다. 졸지에 멱살을 잡히고 욕까지 먹은 영주는 난쟁이를 바닥에 패대기쳤다. 마침 하인들이 달려오자 영주는 난쟁이를 감옥에 가두라고 명령했다. 다음 날 하인들이 영주의 침실을 찾았을 때 영주는 신발 한 짝을 손에 쥔 채 공포에 사로잡힌 얼굴로 침대 위에서 죽어 있었다. 놀란 하인들이 급히 감옥으로 가보니 난쟁이 역시 머리카락이 백발로 변한 채 공포에 사로잡힌 얼굴로 죽어 있었다.

그들의 기묘한 죽음을 두고 온갖 억측이 난무했지만, 영주의 가족과 친지의 관심은 오로지 유산의 분배였다. 남겨진 유산을 차지하기 위해 가족들 간에 피바람이 불었다. 결과는 처참했다. 영주의 가족들은 서로 죽이고 죽는 와중에 한 명도 살아남지 못하고 대가 끊어졌다. 농부의 가문은 몰락했고 성은 머지않아 폐허로 변했다. 사람들은 농부가 레프러콘의 황금을 훔친 죄로 후손이 저주를 받았다고 생각했다.

Robin Goodfellow

로빈 굿펠로

❧

영국의 장난꾸러기 요정 로빈 굿펠로는 사람의 모습과 다름없
지만, 머리에 뿔이 있고 발은 커다란 염소의 발굽처럼 생겼다. 농
촌에서는 '퍽'이라고 부르기도 한다. 그는 요정의 어릿광대이자 못
된 장난꾸러기이다. 시골집 식량 창고에 살면서 사람에게 못된 장
난을 치지만 큰 해를 끼치지는 않는다. 나그네를 늪으로 유인해 골
탕을 먹이고, 게으른 하녀를 꼬집고, 수다쟁이가 앉아 있는 의자를
빼내 엉덩방아를 찧게 한다. 드물게 밤중에 몰래 집안일을 돕기도
한다. 로빈 굿펠로를 집에서 쫓으려면 녹색 외투를 선물하거나 별
명을 지어주거나 세례를 주면 된다.

변신 능력과 피리 부는 솜씨가 뛰어나다. 아름다운 피리 소리

를 듣는 사람은 마치 서커스단의 곰이 북소리에 맞춰 춤을 추듯이 추었다. 로빈 굿펠로는 인간이 저지르는 갖가지 어리석은 행동을 보며 즐거워했다.

로빈 굿펠로는 원래 요정의 왕 오베론과 인간 여자 사이에서 태어났다. 6살 때까지는 어머니 집에서 인간으로 살았다. 어려서부터 워낙 장난치기를 좋아해 자주 소동을 일으키고 시비에 휘말렸다. 그런 아들 때문에 늘 속을 끓이던 어머니는 견디다 못해 결국 로빈을 남겨두고 집을 나갔다. 혼자 남겨지자 오베론이 찾아와 로빈을 요정의 나라로 데려갔다. 그곳에서 로빈은 인간의 껍질을 벗고 요정 로빈 굿펠로로 다시 태어났다.

Brownie

브라우니

❧

영국의 집안일을 돕는 요정 브라우니는 키가 1미터 정도에 얼굴은 납작하며 코가 없고 콧구멍만 달려 있다. 손은 손모아장갑처럼 손가락이 모두 붙어 있다. 벌들을 한곳에 모으는 특별한 힘이 있으며 음식의 겉모양을 그대로 남겨둔 채 알맹이만을 훔쳐 먹는 능력을 지니고 있다.

사람들이 벌 떼의 습격을 받았을 때 "브라우니, 브라우니!"라고 외치면 브라우니가 나타나 벌 떼를 다른 곳으로 보내준다. 성격은 변덕스러운 면도 있지만 사람과 친하고 사람을 잘 따른다. 특히 어린아이와 잘 놀고 정직한 사람과 잘 어울린다. 게으른 하녀와 집주인의 물건을 훔치는 하인을 보면 벌을 준다. 마음에 든 사람과 한

번 친구가 되면 그 친구가 죽은 뒤에 무덤까지 지켜줄 만큼 의리가 강하다. 주로 밤에 활동하며 마법을 사용하기 때문에 사람의 눈에 띄지 않는다. 요정의 존재를 믿지 않는 사람 앞에는 절대 모습을 나타내지 않는다. 하지만 정직하고 명랑한 사람과 아이에게는 모습을 보여준다.

집안일에 무척 부지런하며 충성스럽다. 일을 도와준 대가로 맛있는 우유나 과자, 또는 빵을 얻어먹으면 만족한다. 하지만 보상할 때는 주의 사항이 있다. 거래하듯이 보상을 하거나 도움을 당연시하며 아무런 사례를 안 하면 반드시 보복한다. 또 고마움의 표시로 갓난아이 치수의 옷을 선물하면 조용히 그 집을 떠난다. 자신이 평범한 일꾼으로 취급받는다고 느끼기 때문이다. 이처럼 브라우니는 자부심이 무척 강하고 변덕이 심한 종족이다. 또한 축제를 좋아하며 축제에 빠지는 요정을 무리에서 추방하기도 한다.

Spriggans

스프리간

영국 땅의 끝이라 불리는 콘월 지방에 사는 스프리간은 노인의 모습으로 고대 거인들의 유적지와 지하에 숨겨진 보물을 지킨다. 보통 때는 키가 작지만, 필요에 따라 몸의 크기를 자유자재로 바꾼다. 또한 요정 왕국을 사람과 적으로부터 지킨다. 적과 싸울 때는 자신의 몸을 점점 크게 늘려서 상대에게 겁을 준다.

스프리간과 비슷한 요정으로는 나폴리의 모나시엘로Monaciello 가 있다. 모나시엘로는 '작은 수도사'라는 뜻이지만 그들의 삶은 수도사와 거리가 멀다. 숨겨진 보물을 지키며 때로는 사람의 물건을 빼앗거나 옷을 훔치는 장난을 즐긴다. 모자를 소중하게 여기기 때문에 모자를 훔치면 보물과 맞바꿔 준다.

Cheopues

시오크

❦

아일랜드 요정 시오크(켈트족은 요정을 시sidh 또는 시오크sheopues라
고 부른다)는 호수의 작은 섬이나 가시덤불에 산다. 귀여운 소녀처럼
생겼다. 그런데 생긴 모습과 달리 짓궂은 장난꾸러기로 취미는 장
난치기와 노래하기이다. 시인에게 영감을 주고, 노래를 잘하는 사
람의 소원을 들어준다. 나쁜 사람에게 시체를 업게 하는 등 겁을
주어 버릇을 고쳐준다.

사람과의 관계는 사람이 하기에 따라 달라진다. 즉 은혜는 은
혜로, 원수는 원수로 갚는다. 사람에게 도움을 청할 때도 있다. 전
쟁에서 자기편이 이기게 도와달라거나 출산을 앞두고 산파에게
도움을 청한다. 어쩌다 길을 잃어 푸른 라스(아일랜드어로 물길로 둘러싸

인 작은 들판이라는 뜻)에 들어가면 시오크의 세계를 엿볼 수 있다.

　이 세계에 침입하는 사람을 싫어하고 심하면 홀려서 죽인다. 사람과 똑같이 무리를 지어 생활한다. 사람처럼 사랑하고 전쟁하며 아기를 낳고 죽기도 한다. 그러나 요정은 말처럼 죽지 않기 때문에 장례식은 대부분 사람을 흉내 내어 즐기는 '장례식 놀이'일 뿐이다.

Ellyllon

에서슬론

❦

에서슬론은 어려운 사람을 돕는 영국 웨일스의 난쟁이 요정이다. 어려움에 빠진 사람을 보면 지나치지 못하고 도와주는 착한 마음씨를 지닌다. 엘프와 같은 종족이며 성격이 매우 활달하고 밝다. '페어리 버터'라는 노란색 독버섯의 즙을 유난히 좋아해서 그 독버섯이 자라는 근처에 집을 짓고 산다.

어려운 사람을 보면 지나치지 못하고 밤에 여러 동료와 함께 찾아가 시끌벅적하게 떠들면서 즐겁게 집안일을 대신해 준다. 이 요정의 도움을 받은 집은 부자가 된다. 그런데 요정들이 일하는 모습을 엿보면 두 번 다시 그 집에 찾아가지 않는다. 그렇다고 복수를 하지는 않는다.

Oberon

오베론

❧

오베론은 요정들의 나라를 다스리는 왕이다. 황금 지붕과 다이아몬드 철탑이 있는 호화로운 궁전에 산다. 키는 세 살짜리 어린아이 정도 된다. 몸집이 작은 이유는 태어날 때 다른 요정의 주술에 걸렸기 때문이다. 정직한 사람이 가지면 아무리 마셔도 줄지 않는 마법의 금잔과 한번 불면 모든 소원을 이뤄주는 상아 뿔피리를 가지고 있다.

셰익스피어의 《한여름 밤의 꿈》에서는 성미 급한 요정들의 왕으로 등장한다. 오베론의 아내는 요정들의 여왕 티타니아Titania이다. 하루는 오베론과 티타니아가 인도에서 온 심부름하는 아이를 서로 가지려고 심하게 다투었다. 화가 난 오베론은 티타니아가 잠

든 사이 눈에 마법의 꽃물을 부었다. 꽃물의 약효 때문에 티타니아는 당나귀 머리의 요정 보툼을 사랑하게 되고 인도에서 온 소년을 순순히 오베론에게 양보한다.

오베론은 그제야 티타니아에게 걸린 마법을 풀어주었다. 마법에서 깨어난 티타니아는 자신이 보툼과 나눴던 사랑을 전혀 기억하지 못했다. 다만 당나귀 괴물을 사랑하는 나쁜 꿈을 꾸었다고 믿었다. 그 후 오베론과 티타니아는 다시 사이가 좋아졌다.

오베론은 때로 인간과 사랑에 빠지기도 했다. 오베론과 인간 사이에서 태어난 아들이 로빈 굿펠로이다. 오베론은 자신의 왕국으로 로빈 굿펠로를 데려가 요정으로 살아가도록 해주었다.

Kobold

코볼트

독일의 코볼트는 집 요정으로 자신이 거주하는 곳의 집안일을 도와준다. 작은 아이처럼 생겼고 금발 머리에 붉은 비단 코트를 입고 있다. 마을 주변의 나무둥치나 민가에 살면서 대접을 잘 받으면 집주인에게 여러 가지 도움을 준다.

명랑한 성격을 가지고 있으며, 자신이 사는 집과 그 집의 벽난로를 돌본다. 특히 하인이 하는 집안일을 적극적으로 도와준다. 앞일을 내다보는 능력이 있어서 그 집안에 일어날 나쁜 일을 미리 경고해 준다. 하지만 무시당하거나 모욕을 받았다고 느끼면 골치 아픈 문제를 일으킨다. 마음에 안 드는 사람은 끝까지 괴롭혀 죽이기도 한다. 코볼트는 자기가 살고 싶은 집에 나무토막을 넣어 우선

사람들의 반응을 살핀다. 이때 코볼트가 들어오는 것을 막고 싶으면 나무토막을 치워야 한다. 들어오기를 원하면 그대로 놓아두면 된다.

광부들은 코볼트가 광산에 침입해 좋은 금속을 훔쳐 가고 그 대신에 쓸모없는 금속을 놓고 간다고 여겼다. 나중에 과학자들은 그 금속을 코발트cobalt라고 부르게 되었다.

Cluricaune

클루러혼

아일랜드 요정 클루러혼은 술은 지나치게 좋아해서 아예 가정집 술 창고에 산다. 독신자 요정이며 혼자 사는 표시로 붉은 모자를 쓰고 있다. 가죽 앞치마를 두르고, 은 버클이 달린 신발을 신고 있다. 키는 사람 어른의 허리에 닿을 정도이며 노인의 모습이다.

집안 하인들과 친하게 어울리며 취하도록 술을 마신다. 술에 취하면 가축의 등에 올라타고 밤새도록 떠들어댄다. 술에 대한 집착이 큰 나머지 자기가 마치 술의 주인처럼 행동할 때도 있다. 그래서 주인의 심부름으로 술을 가지러 온 하인을 창고 밖으로 쫓아내기도 한다. 그리고 술이 새는 술통을 보면 자기 몸으로라도 새는 것을 막아준다.

Far Darring

파댜르그

아일랜드 요정 파댜르그는 항상 붉은 모자와 붉은 코트를 입고 다녔다. 그래서 '붉은 옷을 입은 남자'로 불렸다. 이 요정은 레프러콘과 클루러혼의 종이다. 요정 중에 붉은 모자를 쓰고 있는 요정들이 종종 있는데, 붉은 모자는 '혼자 사는 것'을 상징한다.

키는 어린아이 정도이고, 성격이 매우 괴팍한 데다 장난 또한 무척 심하다. 사람의 등에 시체를 올려놓아 놀라게 하면서 무척 즐거워한다. 날씨가 추워지면 사람들이 사는 마을로 찾아와서 따뜻한 곳에 몸을 녹이게 해달라고 부탁한다. 이때 난롯가로 안내해 자리를 권하면 매일 찾아오고 좋은 일도 생긴다. 거절하면 불행한 일이 생긴다.

Fenoderee

페노제리

❧❦❧

영국 요정 페노제리는 섬에서 산다. 원래 브라우니와 같은 종
족이었으나 동족에게 쫓겨났다. 브라우니보다 몸이 더 크고 털북
숭이에 힘도 세다.

아직 브라우니였을 때, 한 소녀와 사랑에 빠져서 춤에 열중한
나머지 축제에 빠지고 말았다. 축제에 참석하기는 브라우니에게
의무이다. 즉 무슨 일이 있어도 지켜야만 하는 법이었다. 법을 어
기고 축제에 참석하지 않은 요정은 무거운 벌로 무리에서 쫓겨났
다. 쫓겨난 브라우니는 새로운 일족을 이루었는데 그들이 바로 페
노제리이다.

Pooka

푸카

아일랜드 요정 푸카는 인간의 집에 살면서 집안일을 도와준다. 의리가 있어서 자신에게 친절을 베푼 사람에게 꼭 보답했다. 주로 한밤중에 몰래 들어와서는 빨래와 다리미질, 설거지 등을 말끔하게 해치운다.

자신에게 장난을 치거나 상처를 주면 잔인하게 보복한다. 푸카가 인간을 괴롭히거나 심술을 부리는 것은 대부분 인간에게 상처를 받았기 때문이다. 인간에게 실망해서 인간 세상을 등진 푸카는 고약한 성격으로 바뀐다. 외진 산과 폐허에 살면서 마법을 이용해 사람들을 괴롭힌다.

평범한 어린아이처럼 생겼고 말로 변신하기를 좋아한다. 귀여운 말로 변신하고 있다가 사람이 올라타면 기다렸다는 듯이 내달려 내동댕이친다. 또 사람을 등에 태운 채 밤새도록 달리다 새벽에 외딴곳에 버려두고 간다.

푸카의 집에서 잠을 자면 밤새 악몽에 시달린다. 술 취한 사람에게도 악몽을 꾸게 한다. 밤이면 민가로 찾아들어 접시를 깨거나 가구를 부수며 소동을 일으켜서 사람들을 괴롭힌다. 낮에는 밭을 가는 소를 놀라게 해서 일을 방해하기도 한다.

게으름만 피우는 하인은 천벌을 받아 푸카가 된다는 이야기가 있다. 하지만 사람에게 고마움의 표시로 윗도리를 선물로 받으면 천벌이 풀려 승천하게 된다.

웨일스의 어느 지방에는 오래전부터 푸카에 대한 이야기가 전해 내려온다. 한 농장에 게으른 하녀가 있었다. 하녀는 매일 늦잠을 잤고, 대낮에도 빈둥거리며 게으름을 피웠다. 하지만 주인은 그런 하녀를 오히려 칭찬했다. 다른 일꾼들은 그 하녀를 몹시 부러워했는데, 주인이 칭찬하는 데는 그만한 이유가 있었다. 남들이 보기엔 빈둥거려 보여도 하녀는 언제나 두 사람 몫의 일을 해치웠기 때문이다. 하녀에게는 비밀이 있었는데, 매일 밤 푸카에게 죽을 선물했고 그 보답으로 푸카는 하녀의 일을 대신해 주었다. 그러던 어느 날 하녀는 갑자기 장난기가 발동해서 푸카를 골려주기로 했다. 푸카에게 평소 주던 죽 대신 그날은 오줌을 접시에 담아놓았다.

다음 날 이른 새벽, 곤히 잠들어 있던 하녀는 누군가 거칠게 흔들어 깨우는 바람에 잠에서 깨어났다. 푸카가 성이 잔뜩 난 얼굴로 노려보고 있었다. 푸카는 식식거리며 하녀를 침대에서 끌어 내리더니 때리기 시작했다. 발로 차고 주먹으로 때리고 거꾸로 집어 던지며 숨 쉴 틈도 없이 구타했다. 하녀는 울며불며 용서를 빌었지만 소용이 없었다. 푸카의 주먹과 발길질은 소동에 잠이 깬 다른 일꾼들이 몰려왔을 때야 비로소 멈췄다. 장난에 대한 푸카의 보복은 잔인했다. 그 일 후로 푸카는 그 농장에 두 번 다시 나타나지 않았다고 한다.

Pygmaios

피그마이오스

❧

　그리스 신화의 요정 피그마이오스는 키가 35센티미터 정도로 매우 작다. 지금의 아프리카 나일강 주변과 인도 등지에 살았다. 변신 능력이 있어서 침입자로부터 옥수수밭을 지킬 때는 양으로 변신했다. 겨울에 두루미들이 무리를 지어 피그마이오스 마을로 찾아오면 마을은 비상이 걸렸는데, 두루미들이 옥수수밭을 망치기 때문이다.

　피그마이오스들은 한 해의 4분의 1을 두루미와 전쟁하며 보냈다. 그 전쟁 때문에 모든 종류의 새를 싫어했다. 새들의 알이나 새 집은 보면 모두 없앴다. 신화에 따르면 피그마이오스들이 인간인 처녀를 신으로 숭배했기 때문에 헤라의 분노를 샀다. 헤라는 두루미로 변해 피그마이오스들을 공격했다.

피그마이오스들은 헤라클레스를 공격한 적도 있다. 헤라클레스는 이집트에서 거인 안티오스와 싸운 뒤 지쳐 나일강 언저리에서 잠이 들어버렸다. 피그마이오스들은 헤라클레스를 침입자로 여겨 공격했다. 그 공격에 잠이 깬 헤라클레스는 사자의 가죽으로 그들을 한꺼번에 싸서 궁정으로 돌아가 에우리테우스 왕에게 바쳤다.

현재 피그마이오스는 평균 신장이 150센티미터 이하이고 피부가 황갈색인 종족을 가리킨다. 아프리카와 동남아시아, 호주, 남아메리카에 산다. 원시림에서 수렵과 채집 생활을 한다. 수명은 보통 16~24년으로 매우 짧다.

Pixy

픽시

❦

영국 요정 픽시는 마법을 부리며 변신술에도 뛰어나다. 몸은 20센티미터 정도로 사람의 손에 올릴 수도 있다. 입이 크고, 머리는 빨갛고, 코는 위로 휘어져 있다. 항상 녹색 옷을 입고 다닌다. 사람에게 친절하고 사람의 말도 한다.

농부들이 추수할 때면 몰래 밀의 타작을 도왔다. 또한 밤마다 헛간에서 도리깨질을 하고, 타작한 밀과 짚 다발을 깔끔하게 정리해 두었다. 농부는 헛간 구석에 빵과 치즈를 놓아두어 픽시에게 고마움을 표시했다. 타작이 다 끝난 후에도 픽시의 타작은 계속되었고 그때마다 빵과 치즈로 답례했다. 픽시는 헛간이 곡식으로 넘쳐날 때까지 타작을 멈추지 않았다. 농부는 픽시가 타작한 밀이 어디

서 가져온 것인지는 관심이 없었다. 그저 행운으로 생각하며 빵과 치즈로 답례할 뿐이었다.

사실 픽시는 마법으로 밀을 만들고 헛간을 가득 채울 수 있었다. 능력으로 볼 때 굳이 농부에게 빵과 치즈를 얻을 필요가 없다. 단지 성의를 감사와 신뢰의 인사로 여겼다. 인간을 위해 노동을 마다하지 않고 기꺼이 도움을 주었다. 픽시는 이렇게 인간과 우호 관계를 지속했다. 한번 인간과 친구가 되면 그가 죽고 난 뒤 무덤을 지킬 만큼 의리가 깊었다.

영국 남서부의 서머싯, 데번, 콘월 등지의 숲에 무리를 지어 산다. 픽시는 자기들끼리 동그랗게 둘러서서 원을 그리며 곤충과 개구리의 울음에 맞춰 밤새 춤추기를 좋아한다. 픽시들이 춤을 춘 자리에 페어리링이 생긴다. 사람들이 이곳에 발을 들여놓으면 몹시 화를 내며 저주를 내리거나 죽이기도 한다. 픽시는 사람의 눈에 안 보이지만 네잎클로버를 머리에 얹으면 볼 수 있다.

Picts

픽트

영국 요정 픽트는 스코틀랜드의 작은 언덕에 산다. '팻호'라고
도 부른다. 이들은 건축에 뛰어난 재능과 기술을 가졌다. 일할 때
는 협동심이 무척 강하다. 아무리 높은 성이라도 서로 협력해서 하
룻밤이면 충분히 완성한다. 그래서 스코틀랜드 사람들은 오래된
성은 모두 픽트가 쌓았다고 믿을 정도이다.

키는 1미터 정도이며, 빨간 머리에 모자를 쓰고 다니는 난쟁이
다. 그러나 몸과 비교하면 팔과 손은 유난히 길고 발은 기형적으로
넓다. 발이 얼마나 넓은지, 비가 오는 날 물구나무를 서면 비를 막
을 수 있다. 원래 요정이 아니고 스코틀랜드 원주민이라는 이야기
도 있다.

Hobbit

호빗

＊

　영국 요정 호빗은 키가 사람의 절반 정도이며 난쟁이와는 달리 수염이 없다. 평균 수명은 100년이며 33살이 되어야 어른으로 인정을 받는다. 짧은 갈색의 곱슬머리, 동그란 얼굴, 부드럽고 맑은 눈, 뾰족한 귀, 둥근 몸통에 불룩한 배를 가지고 있다. 손가락은 길고 발바닥은 가죽 창처럼 두껍고 튼튼하며 갈색 털로 덮여 있다. 이러한 독특한 발 때문에 신발을 신지 않는다.

　천성적으로 낙천적이며 선량하다. 노래하기, 맥주 마시기, 버섯 따기, 파이프 담배 피우기를 좋아한다. 그들은 선조와 상식과 풍요를 긍지로 여기며 과도하고 모험적인 행동을 싫어한다. 겁이 많고 온순하지만 궁지에 몰리면 용맹스러워진다. 시력이 좋아서 활 솜

씨에 뛰어나고 돌팔매로 목표물을 정확히 타격할 수 있다. 처음에는 땅속에 난 구멍과 굴에서 살았지만, 시간이 지날수록 풀이 많은 언덕의 경사면에 집을 짓고 살게 되었다.

종족끼리 마을을 형성하고 살면서 자신들의 터전을 떠나는 일이 거의 없다. 채소와 곡물을 재배하고 정원에 화초를 가꾸며 가축을 돌보고 버섯을 기르며 일생을 보낸다. 그들은 먹는 것을 즐겼으며 하루에 여섯 번 식사한다. 쾌활하고 착실한 성격에 질서를 중히 여기며 종족 간의 유대가 강하다. 자신의 집을 떠나 낯선 곳으로 여행을 가거나 모험하는 것을 싫어한다.

2003년 인도네시아 플로레스섬에서 고대 소인족 호모 플로레시엔시스의 유골이 발견되어 학계를 놀라게 했다. 이 유골은 호주 울런공대학교의 모어우드 교수가 발견했으며 일명 호빗족이란 별칭이 붙었다. 고고학계에서는 '호빗'이라는 새로운 인종이 실제로 존재했다는 주장과 단순히 고대인이 병에 걸려 난쟁이처럼 변한 것이라는 반론이 대립하고 있다. 아직도 학계 논란은 계속되고 있지만, 톨킨이 만든 가상의 호빗족이 어쩌면 실제로 존재했을 수도 있다.

Hinzelmann

힌첼만

영국 요정 힌첼만은 어린아이 모습에 빨간 코트 차림을 하고 있다. 뤼네부르크 근처의 성에 산다고 전해진다. 사람에게 상냥하고 친절하다. 주로 성과 민가에 더부살이하면서 설거지와 요리, 청소하기 등 집안일을 대신한다. 우유를 좋아해 일해준 보답으로 집주인이 우유 한 잔을 주면 만족한다. 하지만 주지 않으면 빵을 까맣게 태우거나 말을 풀어 사람을 곤경에 빠뜨린다.

누군가 자기의 흉을 보거나 싫어하는 행동을 하면 방으로 들어가 기분 나쁜 웃음소리를 내며 소란을 피운다. 착한 사람의 집에는 행운을 가져다준다. 코볼트와 같은 종족으로 예언과 경고를 하기도 하고 금광의 위치를 가르쳐주기도 한다.

5부

물리와 마법의 경계에서

MYTHOLOGY

Gremlin

그렘린

그렘린은 비행기 엔진을 망가뜨리는 요정으로 유명하다. 그는 새로운 것을 만드는 능력이 있고, 손재주가 매우 뛰어나다. 성격은 활달하고 명랑하다. 매우 작은 요정으로 키가 15센티미터에서 50센티미터 정도 된다. 파충류 같은 얼굴에 눈과 귀가 유난히 크고 비행기 조종사 같은 복장을 하고 다닌다.

사람들에게 발명의 아이디어와 기술을 가르쳐줄 만큼 친절하다. 그러나 도움을 받은 사람이 욕심에 눈이 멀어 그렘린을 배신하면 철저하게 보복한다. 배신을 당한 그렘린은 심술 맞은 괴물로 변해 사람에게 못된 장난을 치는데, 특히 비행기에 몰래 들어가 기계를 조작해 엔진을 망가뜨리거나 고장을 일으킨다. 그래서 비행기 조종사들은 그렘린을 두려워했다.

1차 세계대전 때 한 비행사가 그렘린을 최초로 목격했다. 고공에서 비행 중인 전투기의 날개에 숨어서 장난치는 그렘린의 모습을 보았다고 한다. 1912년 창설된 영국 해군 항공대 조종사들은 이유를 알 수 없는 사소한 고장으로 비행기를 여러 차례 비상착륙을 했다. 이러한 고장은 2차 세계대전 때 더욱 자주 발생했는데, 비행기 조종사와 정비사는 그 원인을 모두 그렘린 탓으로 여겼다.

이 장난을 '그렘린 효과'라고 말한다. 이는 엔진이 고장 나거나 망치질하다 손을 다치거나 토스터에서 빵이 타거나 샤워기의 냉온수기가 뒤바뀌는 등 이론적으로 도저히 고장이 날 수 없는 현상을 뜻한다.

그렘린은 여러 모습으로 사회 곳곳에 등장했는데, 미국의 유명한 영화감독 스티븐 스필버그는 크리스 콜롬버스가 쓴 시나리오 〈그렘린〉을 영화로 만들었다. 스필버그가 제작자로 나선 첫 작품으로 죠 단테 감독이 연출을 맡았다. 당시 〈그렘린〉은 전 세계적으로 흥행 돌풍을 일으키며 무려 2억 달러 이상의 수익을 거두었다고 한다.

Gluagaho

글루아가호

영국의 글루아가호는 네잎클로버를 상징하는 행운의 요정이다. 짧은 초록색 드레스를 입은 소녀의 모습이지만 때로 늙거나 어린 거지로 변신하기도 한다. 글루아가호가 모습을 바꾸는 이유는 사람을 시험하기 위해서이다. 비 오는 날이면 친절한 사람을 찾아 마을을 돌아다닌다. 친절한 사람을 만나면 그의 친절이 진심에서 우러나오는 것인지 시험하고, 시험을 통과한 사람에게는 큰 행운을 선물한다.

글루아가호는 농장의 가축을 지키는 수호 요정이기도 하다. 자기가 돌보는 농장의 허드렛일을 곧잘 돕는다. 스코틀랜드의 옛이야기에서는 글루아가호에게 친절을 베풀었다가 행운을 얻게 된 사람들의 이야기가 전해진다. 어느 시골 마을에 사는 노부부의 이야기도 그중 하나이다.

어느 마을에 마음씨 착한 노부부가 살았다. 비가 억수처럼 쏟아지던 어느 날, 거지 소녀가 노부부의 집을 찾아왔다. 소녀는 추위로 오들오들 몸을 떨면서 이틀 동안 아무것도 먹지 못했다며 도움을 청했다. 노부부는 난로에 불을 지펴 소녀의 옷을 말려주었고 음식을 정성껏 만들어 주었다. 소녀를 측은하게 여긴 노부부는 갈 곳이 없으면 함께 살자고 소녀에게 제안했다.

그때 거지 소녀의 모습이 갑자기 요정 글루아가호로 바뀌었다. 글루아가호는 노부부의 친절에 감동했다며 행운을 선물한다. 그로부터 얼마 후 노부부에게는 행운이 따라 큰 부자가 되었고, 풍족한 삶을 누리며 행복하게 오래오래 살았다고 한다.

다프네

그리스 요정 다프네는 테살리아의 강의 신 페네오스의 딸이다. 누구든 한 번만 보면 사랑을 느낄 만큼 귀엽고 아름다웠다. 그러나 달의 여신 아르테미스를 따르면서 연애와 사랑, 결혼에 관심을 두지 않게 되었다.

어느 날 태양의 신 아폴론은 사랑의 신 에로스를 조롱한다. 자신의 강궁과 솜씨를 자랑하면서 에로스의 약한 활과 연약해 보이는 몸을 비웃는다. 조롱을 당한 에로스는 분을 참지 못하고 아폴론에게 복수할 기회를 노렸다. 그는 파르나소스 산정에 올라가서 황금으로 된 화살과 납으로 된 화살을 쏘았다.

황금 화살은 아폴론의 심장을 관통해 다프네를 뜨겁게 사랑하게 했고, 납 화살은 다프네의 심장을 관통해 아폴론의 사랑을 거부하게 했다. 그리하여 아폴론은 다프네를 찾아가 사랑을 고백하지만, 다프네는 그를 냉정하게 뿌리친다. 그럴수록 다프네에 대한 사랑은 더욱 불타올랐고, 반대로 다프네는 아폴론에게서 더 멀리 도망쳤다. 그러다가 막다른 길목으로 쫓겨 다급해진 그녀는 아버지 페네오스에게 도움을 요청한다.

아폴론이 막 그녀를 붙잡으려는 순간 다프네는 월계수로 변하기 시작한다. 그녀의 팔다리는 굳어지고 가슴은 나무껍질로 덮였다. 탐스럽던 머리카락은 나뭇잎으로 변했고 팔은 가지가 되었으며 다리는 뿌리로 바뀌어 땅속 깊이 파고들었다. 순식간에 월계수로 변한 다프네의 모습에 절망한 아폴론은 나무를 끌어안고 눈물을 흘린다. 아폴론은 다프네를 기리기 위해 월계수를 자신을 상징하는 나무로 삼는다. 그때부터 월계수는 위대한 영웅과 왕을 위한 화관으로 쓰이기 시작한다.

다프네에 관해서는 또 다른 이야기가 전해져 온다. 엘리스 지방 피사의 왕 오이노마오스의 아들 레우키포스는 다프네에게 연정을 품었다. 그러나 다프네의 반응은 냉담했다. 다프네를 향한 사랑을 포기할 수 없었던 레우키포스는 소녀로 변장하고 그녀에게 접근했다. 그는 페네오스에게 경의를 표하면서, 자기는 오이노라는 소녀인데 다프네의 사냥에 따라가게 해달라고 간청했다. 다프

네는 이 부탁을 받아들였지만, 그것을 질투한 아폴론이 다프네와 친구들에게 목욕하고 싶은 마음이 들도록 했다.

오이노로 변장한 레우키포스는 목욕을 거절할 수밖에 없었다. 이에 장난기가 발동한 다프네와 친구들은 그를 발가벗기고, 오이노가 남자라는 사실을 알게 된 그들은 분노해 그를 죽이고 만다.

Dwarf

드워프

북유럽 요정 드워프는 난쟁이 종족이다. 키가 1미터밖에 안 되지만 몸은 근육질이다. 머리와 턱수염이 매우 길다. 털은 붉은 색 또는 갈색이다. 쇠와 보석으로 여러 가지 물건을 만드는 솜씨가 뛰어나다. 직접 만든 물건에 마법을 불어넣는데, 신들을 위해 신비한 힘을 가진 물건을 만들어 바친다. 요정들 세계에서 가장 솜씨가 뛰어난 대장장이, 건축가, 세공사이다.

드워프는 세공 솜씨 못지않게 무술 실력도 뛰어나서 전쟁에서는 뛰어난 전사로 용맹을 떨친다. 매사에 박력이 넘치며 전사다운 기질이 있다. 성격은 호탕하지만 거칠고 고집이 세며 괴팍한 편이다. 남자들밖에 없어서 종족을 유지하기 위해서는 점토를 빚어서

자손을 만들어야 했다. 수명은 200년 정도이다.

드워프는 땅에 거대한 굴을 파고 그 속에 지하 도시를 건설해서 산다. 그곳을 스바르트알바헤임이라 한다. 영화 〈반지의 제왕〉에서는 드워프들이 악의 화신 사우론에 맞서 싸운다. 북유럽의 신화와 전설, 민담에 등장하기도 하고 백설 공주와 일곱 난쟁이처럼 동화에도 등장한다. 드워프는 신과 요정을 위해 수많은 물건을 만들었는데 하나같이 신비하고 놀라운 힘을 지니고 있다. 드워프는 햇빛을 받으면 차가운 돌로 변하기 때문에 지하에서나 햇빛이 없는 밤에 활동한다.

드워프 중 가장 솜씨가 뛰어난 이발디의 아들들은 로키의 감언이설에 넘어가서 여신 시프의 가발과 스키드볼나르니르, 궁니르를 만들었다. 그들과 버금가는 뛰어난 솜씨를 자랑하던 또 다른 드워프, 브로크와 신드리 형제 역시 로키의 부추김을 받고 굴린부르스티, 드라웁니르, 묠니르, 안드바리의 반지를 만들었다.

타르핑 검은 두린과 드발린 형제가 스바프를라미(지금의 러시아 땅을 지배했던 왕이자 전사) 왕의 협박을 받고 만들었다. 그러나 이들 형제는 검에 세 번의 끔찍한 비극이 일어나도록 저주를 걸었다. 그 저주의 첫 번째 희생자는 스바프를라미 왕이었다.

동유럽에도 드워프처럼 지하 세계에 사는 정령들이 있다. 루마니아에서는 그들을 피티치(난장이족)라고 부른다. 이들은 너무나 온순하고 정직한 데다 깊은 신앙심을 지니고 있어서 블라진Blajin이라고 불리기도 한다. 블라진은 행동과 마음씨가 온순한 상태를 뜻하는 루마니아 단어이다.

블라진은 루마니아인과 마찬가지로 기독교 신자이며, 성탄절과 부활절 같은 날을 빠짐없이 지켰다. 루마니아 북부의 몰도바나 트란실바니아 등 일부 지역에서는 토마스 성인의 일요일을 '블라진 종족의 부활절'이라고 부르며 기념하기도 했다.

Leshy

레쉬

슬라브 전 지역에 널리 알려진 러시아 요정 레쉬는 울창한 숲에서 사는 숲의 정령이다. 레쉬가 사는 침엽수림 지대에는 소나무와 자작나무, 가문비나무, 미루나무가 수천 킬로미터씩 뻗어 있다. 이 숲에는 늑대와 곰, 호랑이, 표범 같은 맹수는 물론 고라니와 노루, 사슴, 다람쥐 같은 초식 동물이 서식한다. 레쉬가 사는 숲의 동물은 모두 레쉬의 소유이다. 도박을 무척 좋아하는데 자기 소유의 동물을 걸고 내기를 즐기곤 한다.

레쉬는 사람이 숲에 들어오는 것을 무척 싫어한다. 숲에서 침입자를 보면 그를 홀려 같은 장소를 빙빙 돌게 한다. 숲을 헤매던 사람이 지쳐갈 때쯤 길을 가르쳐주기도 한다. 레쉬에게 홀린 상태

를 벗어나려면 윗옷을 거꾸로 입고 신발의 왼쪽과 오른쪽을 바꿔 신으면 된다.

레쉬는 피가 파랗다. 그래서 뺨도 입술도 새파랗다. 머리는 푸석푸석하고 수염은 무릎까지 닿으며 눈썹은 진하다. 눈동자 역시 모두 녹색이다. 새하얀 머리카락이 얼굴을 가리고 있으며 손발은 깡마르고 몸집은 수염으로 가려질 만큼 작다. 보통은 털옷을 입은 노인의 모습이지만 늑대와 부엉이 같은 짐승으로 변신하기도 한다. 숲에서 몸을 자유자재로 늘리거나 줄일 수 있다. 삼나무보다 더 커지거나 잔디보다 작게도 변신한다. 레쉬는 그림자가 없고 발자국도 남기지 않는다. 그래서 사람의 눈에 띄는 경우는 아주 드물다.

성격은 매우 변덕스럽다. 봄이면 동면에서 깨어나 거칠고 폭력적으로 변한다. 힘이 넘쳐서 마구 날뛸 때도 있다. 사나운 바람과 소용돌이치는 홍수를 일으켜 레쉬들끼리 서로 싸우며 힘자랑을 한다. 여름철에는 온순해진다. 악동처럼 짓궂은 장난을 즐기기도 하지만 인간에게 친절을 베풀기도 한다. 나뭇잎이 물들고 떨어지는 가을이면 레쉬는 다시 난폭한 성격으로 바뀐다. 신경이 날카로워져서 매사에 짜증을 내고, 인간과 동물에게 싸움을 걸거나 괴롭힌다. 숲속에 잘못 들어선 여자를 겁탈하고 나그네에게 간지럼을 태워 죽음에 이르도록 만든다. 이 시기에는 동물도 레쉬를 피해

몸을 숨긴다. 그리고 겨울에는 땅속으로 들어가 동면을 취한다.

사냥꾼과 목동은 숲의 지배자이며 동물의 주인인 레쉬의 비위를 맞추기 위해 재물을 바쳤다. 목동은 소를 잡아서 바쳤고, 사냥꾼은 빵과 소금을 바쳤다. 빵은 생명을 의미했고, 소금은 부패를 막기 때문에 영원을 의미했다.

레쉬는 쥐보츠니크Zuibotschnik라고 불리기도 하는데 러시아어로 '요람'을 뜻한다. 레쉬의 부인은 레샤치하, 아이는 레숀키라고 부른다.

Rubezahl

뤼베잘

폴란드 요정 뤼베잘은 체코와 폴란드의 국경지대인 루젠베르크산에서 산다. 지하 세계 요정 노움들의 왕이라는 주장도 있다. 뤼베잘은 해바라기 같은 얼굴과 칼 같은 코를 가졌다. 왼발은 새, 오른발은 염소, 왼팔은 곤충의 발, 오른팔은 게의 집게의 모습을 하고 있다. 하지만 여러 모습으로 자주 변신하기 때문에 원래 모습을 보기 어렵다.

전승에 따르면 떠돌이 수도승, 약초 캐는 사람, 사냥꾼, 벌목꾼, 숯 굽는 사람, 나무꾼, 길 안내자 등 항상 다른 모습으로 사람 앞에 나타난다. 그래서 뤼베잘의 모습에 대해 일치하는 기록이 거의 없다. 변신술뿐만 아니라 눈과 비를 부르고 폭풍을 일으키는 힘도 가

졌다. 이 힘을 이용해 자기 영토에 침입하는 사람을 쫓아낸다. 그러나 예의 바른 사람에게는 특별한 호의를 베풀기도 한다.

어느 여름날 뤼베잘의 영역인 루젠베르크산에 발을 들여놓은 나무꾼의 경우가 그랬다. 그날따라 날씨는 바람 한 점 없을 만큼 유난히 후덥지근했다. 나무꾼은 숲속에서 유난히 푸른빛이 도는 신비한 물웅덩이를 발견했다. 마침 갈증을 느낀 나무꾼은 웅덩이의 물을 마시기로 했다. 그는 보이지 않는 숲의 주인 뤼베잘에게 먼저 예의를 갖춘 후 물을 마시고 물병을 채웠다. 그곳을 떠나면서도 감사의 인사를 잊지 않았다.

시간이 흘러 나무꾼은 다시 갈증을 느껴 물병의 마개를 뽑아 입으로 가져갔다. 그런데 물이 한 방울도 나오지 않았다. 나무꾼은 물병을 거꾸로 들고 흔들었다. 물병은 묵직했지만, 이상하게도 물 한 방울조차 나오지 않았다. 속이 상한 나무꾼은 물병을 바위에 내던졌는데, 물병이 산산조각이 나면서 그 속에 있던 번쩍이는 황금 덩어리가 바닥에 나뒹굴었다. 숲의 주인 뤼베잘이 예의 바른 나무꾼에게 황금을 선물한 것이다.

Merrows

메로우

아일랜드 남성 인어 요정 메로우는 바다에 산다. 윗몸은 사람, 아랫몸은 물고기로 항상 '코흘린 드류'라는 빨간 모자를 쓰고 다닌다. 그 모자는 바다 생활을 가능하게 하는 마법의 모자이다. 마법 모자를 도둑맞으면 바다로 돌아갈 수 없다.

바닷속에서 메로우들은 무리 지어 생활한다. 메로우의 머리카락과 이빨은 녹색이며, 눈과 코는 돼지처럼 붉다. 인어 요정 중 가장 못생겼지만, 여성 메로우는 매우 아름답다. 손가락 사이에 물갈퀴가 있는 점이 머메이드와 다르다.

남성과 여성 메로우 모두 매우 온순하다. 여성 메로우는 잘생긴 사람과 결혼도 한다. 사람과 인어 사이에 태어난 아이는 다리에 비늘이 있고 손가락에 작은 물갈퀴가 있다. 메로우들은 가끔 뿔 없는 작은 암소의 모습으로 바닷가를 산책한다. 그런 날은 항상 폭풍우가 몰아친다.

Morgan le Fay

모건 르 페이

영국 요정 모건 르 페이는 아서 왕과 아버지가 같고 어머니가 다른 누나이다. 여섯 명의 페이 중 하나이다. 이탈리아에서는 '파타모르가나'라고 부른다. 마법에 걸린 사과의 섬 아발론을 다스렸다. 생김새는 사람과 똑같으며 귀부인의 모습을 하고 있다. 아름답고 영리하며 남자를 매우 좋아했다. 특기는 마법으로, 마법사 멀린과 견줄 만큼 매우 뛰어나다. 변신술과 예언의 능력도 있다. 신기루를 만들어 배를 부수기도 한다. 성격이 차갑지만 마음에 든 사람에게는 우호적이다.

모건 르 페이는 오르기에라는 기사를 사랑해 늘 지켜주었고 그가 늙었을 때는 아발론으로 데려가 영원한 젊음을 선물했다. 원

래 오르기에는 덴마크 왕자였다. 그가 태어났을 때 여섯 명의 요정
이 찾아와 그를 축복해 주었다. 그들 중에는 모건 르 페이도 있었
다. 요정들은 각자 오르기에를 위해 용기, 용맹을 떨칠 기회, 불패,
남을 즐겁게 해주는 기술, 사랑이 넘치는 기질을 선물했다. 그러나
모건 르 페이는 자신을 선물로 주었다. 그녀는 오르기에가 성장해
어른이 되면 자신을 찾아올 것이며 아발론에서 자신의 연인으로
살 것이라고 했다.

오르기에는 자라서 프랑스 기사가 된다. 그는 모험으로 긴 생
애를 보내고 결국 노인이 되는데, 그녀는 오르기에가 탄 배가 아발
론 근처를 지나갈 무렵 배를 난파시킨다. 섬에 오른 오르기에 앞에
아름다운 모건 르 페이가 나타나서는 오르기에의 손가락에 반지
를 끼워준다. 그러자 오르기에는 젊고 잘생긴 청년으로 모습이 바
뀐다. 전설에 따르면 아발론에서 모건 르 페이의 연인으로 수백 년
을 살았다고 전해진다.

모건 르 페이는 이복동생인 아서 왕과 기네비어 왕비를 무척
싫어했다. 아서 왕과 왕비를 여러 차례 궁지에 몰아넣고, 아서의
기사들을 납치하기도 했다. 특히 호수의 여왕 니뮤에의 양자인 란
슬롯을 납치한 후 자신의 성에 가둬놓았다.

란슬롯은 모건의 지시에 따라 자신과 기네비어 왕비의 불륜 장
면을 묘사한 프레스코화로 벽을 장식하기도 했다. 모건은 그것을

아서 왕에게 보여주어 기네비어의 불륜을 알려준다. 그녀는 또 아서 왕의 조카 모르 드 레드를 부추겨 원탁을 파멸로 몰고 가기도 했다. 그러나 아서 왕이 큰 부상을 입었을 때는 치료하기 위해 그를 아발론으로 데려갔다.

Barbegazi

바베가지

프랑스 요정 바베가지는 프랑스와 스위스의 국경 산맥에 산다. 키는 약 20센티미터로 사람의 손바닥 위에 올라갈 만큼 작다. 산 꼭대기와 가까운 곳에 개미집 모양의 집에서 산다. 특이하게도 여름에 잠을 자다가 겨울에 깨어나 활동한다. 겨울에 활동하기 때문에 복장은 언제나 흰 모피 차림이다.

수염은 추위 탓인지 늘 고드름처럼 얼어붙어 있고, 몸에 비해 발이 유난히 크다. 그래서 보기에 우스꽝스럽다. 하지만 큰 발 때문에 눈 위에서 편히 걷고 스키를 타는 것처럼 빨리 달릴 수 있다.

Valkyrie

발키리

북유럽의 요정 발키리는 오딘의 전사이자 딸이다. 발키리는 '전사자를 선택하는 여성'이라는 뜻이다. 운명의 신으로 인간의 운명을 정하는 강력한 권한을 가지고 훌륭한 전쟁 영웅의 생사를 선택했다. 오딘 신의 궁전에 거주하면서 활동할 때는 주로 9명 혹은 13명씩 집단을 이루어 다닌다.

오딘 신의 명령이 떨어지면 갑옷과 투구로 무장한 채 백마를 타고 전쟁터의 하늘 위를 내달렸다. 이때 한 손에 말고삐, 다른 손에 칼이나 창을 잡고 다닌다. 발키리의 방패에서 밝은 빛이 뿜어져 나오는데 사람들은 이 빛을 북극광이라고 한다.

발키리는 매력적인 금발 머리에 아름다운 여성의 모습이지만

성격은 냉혹하다. 늑대, 까마귀, 매, 백조, 여자에 이르기까지 자유자재로 변신할 수 있다. 발키리의 역할은 전시에 전투에서 승리할 진영과 전사할 병사를 선택하고, 전사자들을 아스가르드에 있는 발할라 궁전으로 데려와 최후의 전쟁 라그나뢰크(신들과 그 적들 사이의 전쟁, 신들의 황혼이라는 뜻)를 대비하게 하는 것이었다.

전쟁이 없을 때는 갑옷과 투구를 벗고 흰 드레스로 갈아입은 후 노래와 춤으로 전사자들을 위로하고 고기와 술을 대접하거나 천을 짰다. 이때 천을 짜는 실은 붉은 색만을 사용했다. 천위에 용사들의 죽을 운명을 수놓으며 다가올 전쟁의 승자와 패자를 결정했다. 전쟁터가 아니면 인간들과 대체로 우호적이어서 인간과 결혼하기도 했다. 발키리는 마법에 대해 폭넓은 지식을 가지고 있어서 사람에게 축복과 저주를 내릴 수도 있다. 이 때문에 중세 시대에는 발키리를 마녀로 규정했다.

〈니벨룽겐의 반지〉는 모두 4부(라인의 황금, 발퀴레, 지크프리트, 신들의 황혼)작으로 그중 두 번째 작품 '발퀴레' 내용은 다음과 같다.

신들의 왕 보탄에게는 발키리라고 부르는 9명의 딸이 있다. 그중 브룬힐데는 보탄 왕이 가장 사랑하는 딸이다. 보탄 왕은 브룬힐데에게 세상으로 내려가 지그문트와 지글린데 남매를 도와주라고 당부한다. 그들 남매는 보탄 왕이 인간 여자와 사랑을 나누고 얻은 자식들이었다. 따지고 보면 발키리들의 동생이기도 했다.

하지만 보탄 왕의 아내 프리카는 불륜의 씨앗인 지그문트 남매를 죽일 것을 강력하게 요구한다. 결국 보탄 왕은 브룬힐데에게 지그문트를 도와주지 말고 죽이라고 지시한다. 하지만 브룬힐데는 지시를 어기고, 훈딩에게 쫓기는 지그문트 남매를 살리기로 한다.

지글린데의 남편 훈딩은 두 남매를 필사적으로 추격한다. 마침내 훈딩은 남매를 따라잡고 지그문트와 산꼭대기에서 결투를 벌인다. 브룬힐데는 지그문트를 도와주려 하지만 이때 나타난 보탄 왕이 결투 중인 지그문트의 칼을 부러뜨린다. 그 틈을 노려 훈딩은 지그문트를 죽인다. 자식을 죽음으로 내몬 보탄 왕은 자책감에 사로잡혀 훈딩을 죽인다. 지그문트의 죽음에 충격을 받은 지글린데가 정신을 잃고 쓰러지자 브룬힐데는 그녀를 안고 도망친다. 화가 난 보탄 왕은 자기 일을 방해한 브룬힐데를 죽이겠다고 맹세한다.

보탄 왕은 브룬힐데를 잠들게 한 후 사방에서 불이 타오르는 성에 가둔다. 누군가 그 무시무시한 불길을 뚫고 깨우기 전까지 잠에서 깨어날 수 없었다. 그뿐만 아니라 보탄 왕은 누군가의 도움으로 잠에서 깨어난다고 해도 발키리의 힘을 회복할 수 없도록 만들어버린다.

브룬힐데는 아주 오랫동안 잠들어 있었다. 마침내 영웅 지그프리트가 브룬힐데를 잠에서 깨우지만 운명의 신은 그들의 사랑을 허락하지 않는다. 사랑의 묘약을 동원한 음모로 지그프리트는 브룬힐데가 아닌 다른 여자와 결혼하고, 질투심에 사로잡힌 브룬힐데는 사랑하는 지그프리트를 살해할 음모를 꾸민다. 계획대로 살해하지만 곧 심한 자책감에 사로잡힌다. 결국 브룬힐데는 말을 몰아 타오르는 불길 속으로 뛰어들어 삶을 마친다. 이것이 바로 〈니벨룽겐의 반지〉 중 '신들의 황혼'의 절정을 이루는 장면이다.

Echo

에코

보이오티아 헬리콘산의 요정 에코는 케피소스강에서 살았다. 한때는 헤라의 시중을 들며 제우스의 사랑을 받았다. 이 요정은 수다를 떨며 남의 일에 참견하기를 유난히 좋아했다.

어느 날 제우스가 헤라 몰래 다른 요정과 사랑을 나누고 있을 때 헤라가 그곳에 나타났다. 헤라는 제우스가 정을 통하는 현장을 덮치려고 했다. 이때 제우스를 도와주기 위해 에코는 헤라에게 수다를 떨며 제우스가 그곳을 몰래 떠나도록 시간을 끌었다. 나중에 그 사실을 알게 된 헤라는 화가 머리끝까지 치밀어 올라 에코에게 영원히 남의 말만 따라 하게 하는 저주를 내렸다. 이때부터 에코는 남이 말하기 전에는 먼저 입을 열지 못했고, 다른 사람이 하는 말

의 마지막만 반복하게 되었다.

그 후 에코는 미소년 나르키소스를 사랑하게 되지만 나르키소스의 말을 반복하는 것 외에는 다른 말을 하지 못해 의사소통이 이루어지지 않았다. 결국 사랑을 이루지 못한 에코는 슬픔에 잠겨 돌로 변했고 아직도 울림의 힘이 남아 메아리로 나타난다.

에코에 대한 또 다른 이야기가 있다. 목신 판이 에코를 찬미하며 연정을 품었다. 그러나 에코는 판의 사랑을 외면하고 사티로스를 사랑했다. 앙심을 품은 판은 에코가 말을 하지 못하게 하고 남의 말을 반복하도록 만들었다. 그러자 그 말버릇에 분개한 양치기들이 에코를 갈기갈기 찢어 죽였다. 대지의 여신 가이아가 그 시체를 거두어, 말을 반복하는 힘만은 계속 남겨두었다고 한다. 귀엽고 사랑스러운 모습의 요정 에코는 결국 모습이 완전히 사라지고 목소리만 남아 메아리가 되고 말았다.

Orerugeiyu

올레르게이에

덴마크 요정 올레르게이에는 아이들에게 꿈을 선물하는 요정이다. 한 손에는 그림이 그려진 우산을, 다른 손에는 아무것도 안 그려진 우산을 갖고 다닌다. 일곱 가지 색이 반짝이는 비단 저고리를 입고 신발을 신지 않고 양말만 신고 다닌다.

아이들 눈 속에 잠이 오는 마법의 우유를 부어 넣는다. 말을 잘 듣는 아이를 만나면 그 아이의 머리맡에 그림이 있는 우산을 펼쳐 아름답고 신기한 꿈을 보여준다. 그러나 나쁜 아이의 머리 위에는 아무 그림도 없는 우산을 펼쳐 아침까지 꿈을 꾸지 않고 잠자게 한다.

올레르게이에는 똑같은 이름을 가진 형제가 있는데, 그는 죽은 사람을 저승으로 데려가는 일을 한다.

Sandmann

잔트만

독일 요정 잔트만은 잠의 요정이다. 사람에게 마법의 모래를 뿌려 잠을 가져다준다. 잔트만은 독일어로 '모래 남자'라는 뜻이다. 외모는 마음씨 좋은 노인처럼 평범하게 생겼다. 마법의 모래를 가득 담은 포대를 짊어지고 다닌다. 포대에서 마법의 모래를 꺼내 사람들에게 뿌리면 잠이 와서 꾸벅꾸벅 존다. 아무리 불면증에 시달리는 사람도 예외가 없다. 악의가 전혀 없고 착한 요정이지만 아이에게는 공포의 대상이다.

부모들이 밤늦도록 잠을 안 자는 아이를 재우려고 겁을 주었기 때문이다. 늦도록 잠을 자지 않으면 잔트만이 와서 눈알을 뽑아가고, 눈알은 잔트만의 아이들이 먹는다고 했다.

Cliodna

클리오드나

클리오드나는 먼 옛날 아일랜드를 다스렸던 요정인 투아타 데 다난의 딸로 요정의 섬을 다스리는 여왕이다. '금발의 클리오드나' 라고 불리며 그녀가 다스리는 요정의 섬에는 세 개의 언덕이 있고 언덕마다 아름다운 성이 있다.

첫 번째 성은 하얀색, 두 번째는 황금색, 세 번째는 은색이었다. 요정의 섬에 마법의 사과나무가 있는데 그 열매를 먹은 사람은 평생 굶주리지 않는다. 게다가 언제고 다시 섬에 꼭 돌아오게 된다. 그 섬의 하루는 인간 세상의 1년과 같다. 클리오드나는 한번 약속하면 상대가 누구든지 반드시 지킨다. 인간과 한 약속도 예외가 아니다. 사람들에게 상냥하고 친절하며 어려움에 빠진 이를 보면 꼭 돕는다. 특히 아내와 두 동생을 적에게 빼앗긴 아일랜드 족장을 도 와준 이야기는 유명하다.

먼 옛날 카트만이라는 약탈자가 무리를 이끌고 아일랜드 서쪽 에 있는 작은 부족국가를 침략했다. 그들은 논과 밭을 파괴하고 마 을을 약탈한 뒤 불을 지르고 족장의 부인과 두 동생을 인질로 잡 아갔다. 족장 테이그는 아내와 두 동생을 구출하기 위해 항해에 나 섰다. 40명의 전사가 그와 함께했고 인질로 잡은 카트만의 부하가 길을 안내했다. 이들의 항해는 한 달간 계속되었지만, 목적지에 이 르지 못했다. 테이그 일행이 바다 위에서 점점 지쳐갈 무렵, 강한 바람이 배를 자욱한 안갯속으로 거칠게 밀어 넣어 그들은 졸지에 방향을 잃고 만다.

사나운 파도가 그들을 덮치듯 솟아오르고, 얼음처럼 차가운 바 닷물이 배를 집어삼켰다 토해내기를 반복했다. 그들은 거친 파도 와 풍랑 속에서 악전고투하며 끔찍한 밤을 지새웠다. 그리고 바람 과 파도가 잦아들 무렵 아침이 찾아왔다. 안개는 사라지고 맑은 하 늘과 푸른 바다가 훤히 모습을 드러냈다. 모진 밤을 이겨낸 그들 앞에 보상이라도 되듯 멀리 해안선이 보였다. 일행은 남은 힘을 모 두 끌어올려 육지를 향해 노를 저어 나갔다. 그들이 도착한 곳은 금발의 클리오드나가 다스리는 섬이었다.

클리오드나는 테이그 일행을 반가이 맞아들인 후 융숭한 대접을 했다. 그뿐만이 아니라 테이그에게 큰 도움을 줄 세 가지 선물을 주었다. 첫 번째 선물은 약탈자들의 본거지로 안내할 세 마리의 새였다. 두 번째는 목숨을 지켜주는 에메랄드 성배, 마지막은 테이그의 운명에 대한 예언이었다.

예언에 의하면 테이그는 카트만과 싸워서 승리하고 복수한 뒤 가족을 구출해 무사히 고향으로 돌아가게 된다. 귀향 후 평화로운 나날을 보내던 테이그는 보이네 강둑에서 야생 수사슴의 뿔에 가슴을 받혀 죽음에 이른다. 예언을 마친 클리오드나는 테이그가 죽음을 맞이하는 그 순간을 자신도 함께하겠다고 약속한다.

테이그 일행은 새들의 안내를 받으며 카트만의 본거지로 향했다. 얼마나 시간이 흘렀는지 알 수 없었지만, 일행은 목적지에 도착했다. 멀리 카트만의 요새가 시야에 들어왔다. 성벽 위로 뾰족 솟은 탑에는 카트만의 깃발이 바람에 펄럭이며 나부끼고 있었다.

테이그는 운 좋게도 정찰을 나갔다가 인질로 끌려간 동생 에오간을 만날 수 있었다. 에오간은 형수와 또 다른 동생이 무사하다는 소식을 전한 뒤, 곧 적진에서 카트만을 반대하는 세력의 대규모 반란이 일어날 것이라는 사실을 전했다. 자신과 동생도 반란에 가담했으며 그 숫자가 700여 명에 이른다고 했다. 예상하지 못했던 이야기에 이미 승리의 면류관을 쓴 느낌이었다.

다음 날 카트만 요새에서는 해마다 한 번씩 있는 큰 축제가 열렸다. 온종일 춤과 노래가 이어졌고 술과 고기는 떨어지지 않았다. 밤이 깊어서야 축제 열기는 식고 사람들은 하나둘 잠자리에 들기 시작했다. 그들이 모두 깊은 잠에 떨어졌을 때 테이그의 전사들과 반란군이 일제히 요새를 덮쳤다. 곳곳에서 격렬한 전투가 벌어졌다.

테이그는 치열하게 전투하는 와중에 카트만과 마주쳤다. 복수의 불길이 테이그의 전신을 휘감았다. 카트만은 거칠고 사납게 테이그를 공격했다. 하지만 테이그의 품속에는 목숨을 지켜주는 성배가 있었다. 카트만은 맹수처럼 사납고 강했지만, 운명의 여신은 이미 그의 패배를 준비해 놓았다. 테이그의 검이 카트만의 머리를 내려친 순간 운명의 여신은 준비된 카트만의 최후를 집행했다. 클리오드나의 예언대로 복수를 마친 테이그는 아내와 두 동생을 데리고 고향으로 돌아갔다. 그리고 평화로운 날들이 흘러갔다. 예언이 성취될 시간도 점점 가까워지고 있었다.

테이그는 보이네 강둑에 누워 운명의 여신에게 자신의 최후를 맡겼다. 흰 수사슴이 나타나 테이그를 공격했을 때 운명의 여신이 그의 최후를 집행했다. 그 순간 테이그는 다시 한번 금발의 클리오드나를 볼 수 있었다. 그녀는 약속대로 테이그의 마지막 순간을 곁에서 지켜주었다.

Clytia

클리티아

그리스의 클리티아는 긴 머리의 아름다운 소녀 요정이다. 바빌로니아의 왕 오르카모스와 에우리노메가 낳은 딸이며, 레우코토에와는 자매지간이다. 클리티아는 우연히 태양신 헬리오스를 보고 사랑의 마음을 품는다.

그때부터 강가에 앉아 눈이 부신 줄도 모르고 태양만을 바라본다. 그런 어느 날 숲에 사냥 나온 헬리오스와 마주친다. 클리티아는 떨리는 마음을 누르고 용기를 내어 사랑을 고백하지만 거절당하고 상처를 받는다. 그 상처 때문에 클리티아는 물과 음식을 모두 끊고 몹시 괴로워한다. 그러면서도 헬리오스의 모습을 보려고 계속 하늘만 바라본다. 한 자리에서 두고두고 하늘만 보던 클리티아는 결국 쓰러져, 몸은 대지에 뿌리를 내렸고 얼굴은 해바라기꽃이 되었다. 그 후로 해바라기는 변하지 않는 마음의 표징으로 널리 사랑받고 있다.

오비디우스의 《변신이야기》에 따르면, 미의 여신 아프로디테는 전쟁의 신 아레스와 몰래 사랑을 나누다가 남편 헤파이스토스에게 현장을 잡혀 큰 망신을 당한다. 여신의 남편에게 두 신의 불륜을 알려준 것은 태양신 헬리오스였다. 아프로디테는 그 일로 헬리오스에게 앙심을 품게 된다. 그녀는 아들 에로스를 시켜 사랑의 화살로 헬리오스를 쏘게 했다. 사랑의 화살을 맞은 헬리오스는 레우코토에에게 마음을 빼앗겼고, 다른 여인에게 전혀 관심을 두지 않았다. 헬리오스가 클리티아를 멀리한 것도 그 이유였다.

헬리오스는 에우리노메로 변신해서 레우코토에에게 접근한 뒤 그녀와 정을 통한다. 이 사실을 알게 된 클리티아는 질투심에 불타올라 레우코토에가 헬리오스에게 순결을 잃었다는 소문을 퍼트렸다. 그 소문은 곧 아버지 오르카모스 왕의 귀에까지 들어갔다. 왕은 격노해 딸을 불러서 소문의 사실 여부를 추궁했다. 레우코토에는 태양신의 강압 때문에 당한 일이어서 자신은 아무 잘못이 없다고 강변했다. 하지만 분노로 이성을 잃은 왕은 그 말을 믿지 않고 딸을 산 채로 매장하고 만다. 슬픔에 빠진 헬리오스는 그녀가 죽은 곳에 신들이 마시는 넥타르를 뿌렸는데, 그곳에서 유향나무가 자

라났다.

　클리티아는 레우코토에가 죽은 뒤에도 헬리오스의 마음을 얻지 못하자 크게 상심했다. 그녀는 9일 동안 식음을 전폐한 채 태양만 쳐다보다가 결국 쓰러져 해바라기가 되고 오직 태양만을 바라보는 존재가 되었다.

　토마스 모어는 해바라기에 대해 이렇게 노래했다. "참사랑을 아는 마음은 결코 잊지 않고 끝까지 사랑한다. 저 해바라기가 해 뜰 때 보낸 눈길을 해 질 때까지 거두지 않는 것처럼."

Kyklopes

키클로페스

키클로페스는 외눈박이 거인족을 말한다. 그리스 신화에는 출신과 성격이 서로 다른 세 키클로페스가 등장한다. 헤시오도스의 《신통기》에 따르면 우라노스와 가이아는 세 명의 키클로페스 아르게스(섬광), 브론테스(우레), 스테로페스(번개)를 아들로 두었다. 우라노스는 키클로페스들을 다른 자식들과 함께 '타르타로스'에 유폐한다.

그 후 우라노스의 아들 크로노스는 아버지를 거세한 뒤 키클로페스들을 풀어주었다가 다시 타르타로스에 가두었다. 나중에 제우스에 의해서 다시 풀려난 그들은 시칠리아섬에 살면서 화산 밑에 대장간을 세우고 제우스를 비롯한 올림포스 신들이 좋아하는 무

기와 전차를 만들었다. 제우스의 천둥과 번개와 벼락, 포세이돈의 삼지창, 하데스의 모자가 그들의 작품이다. 세월이 흐른 후 제우스가 번개로 아폴론의 아들인 아스클레피오스를 죽이는 사건이 발생하는데, 이 일로 앙심을 품은 아폴론이 번개를 만든 키클로페스들을 모두 죽이고 말았다.

호메로스는 키클로페스들을 시칠리아섬에 사는 외눈박이 거인으로 묘사했다. 오디세우스 일행이 그들의 섬에 도착했을 때 폴리페모스(키클로페스 거인족 중 한 명으로 포세이돈의 아들)가 오디세우스의 부하 6명을 잡아먹었다. 오디세우스는 그를 술에 취해 잠들게 한 뒤 불에 달군 곤봉 끝으로 눈을 찔러 장님으로 만들었다. 그런 뒤 폴리페모스의 양을 훔쳐 눈을 잃고 고통에 몸부림치는 그를 남겨둔 채 섬을 빠져나갔다. 이 일로 포세이돈의 미움을 산 오디세우스는 고향으로 돌아가는 길에 수많은 고난을 겪으며 혹독한 대가를 치러야만 했다.

Tinker Bell

팅커벨

영국 요정 팅커벨은 어른 손가락큼 작다. 영원히 늙지 않는 나라 '네버랜드'에 산다. 날개가 달린 몸에서는 빛이 난다. 팅커벨이 사람에게 마법 가루를 뿌리면 그 사람은 날 수 있게 된다. 사람에게 친절하지만 피터 팬을 좋아하는 웬디를 질투해 심술을 부린다.

영국 소설가 제임스 배리는 《피터 팬》에서 팅커벨을 작은 불꽃으로 묘사했다. 몸의 빛이 사라지면 팅커벨은 목숨을 잃는다. 그러나 아이들이 세상에 요정이 있다고 믿으면 그 믿음 때문에 다시 살아난다. 독약으로 팅커벨이 죽어갈때 피터팬이 이렇게 외쳤다.

"요정이 있다는 것을 믿으세요? 믿는다면 모두 손뼉을 쳐서 팅커벨이 죽지 않도록 해주세요."

Peri

페리

아라비아 요정 페리는 사람보다 훨씬 오래 살고 늘 젊다. 《코란》, 《아라비안나이트》에 따르면 페리는 불에서 태어난 바람의 요정이다. 남성 페리는 위엄이 넘치고, 여성 페리는 눈부시게 아름답다. 둘 다 하얀 비둘기 날개를 가진 옷을 입는다. 날개옷을 입으면 비둘기로 변신할 수 있다. 페리의 집은 하늘 높이 날지 않으면 갈 수 없는 험한 산, 또는 물속 깊이 잠수하지 않으면 못 가는 깊은 샘물 바닥에 있다. 만약 날개옷을 잃으면 집에 돌아갈 수 없다. 페리는 사람들처럼 무리를 지어서 살고 아이도 낳는다.

한 사냥꾼이 우연히 페리가 목욕하는 모습을 목격했다. 그는 페리의 아름다움에 반해서 날개옷을 숨겼다. 사냥꾼은 날개옷을

구실로 그녀에게 결혼을 요구했고, 날개옷이 없어서 집으로 돌아갈 수 없었던 페리는 어쩔 수 없이 요구를 들어주었다. 세월이 흘러 둘 사이에 자식이 생겼지만, 사냥꾼은 여전히 날개옷을 돌려주지 않았다. 페리는 어쩔 수 없이 꾀를 내 날개옷을 돌려주면 집에 가서 보석을 가지고 오겠다고 한다. 사냥꾼은 그제야 옷을 내주었다. 날개옷을 입은 페리는 재빨리 아이를 안고 하늘로 높이 올라갔다. 사냥꾼은 속은 것을 알았지만 때는 이미 늦었다. 그는 두 번 다시 아내와 아들을 볼 수 없었다. 페리에 대한 전승은 한국의 옛이야기 〈선녀와 나무꾼〉과 매우 유사하다.

· 참고 문헌

· 구사노 다쿠미.《환상동물사전》. 들녘. 2001

· 권혁재, 김상헌, 김신규.《동유럽 신화》. 한국외국어대학교. 2008

· 김용선.《코란(꾸란)》. 명문당. 2002

· 김형준.《인도 신화》. 청아출판사. 2012

· 낸시 헤더웨이.《세계 신화 사전》. 세종서적. 2004

· 다케루베 노부아키.《판타지의 마족들》. 들녘. 2000

· DK편집부.《한 권으로 읽는 세계의 신화와 전설》. 주니어RHK. 2013

· 드니 지라, 장뤽 푸티에.《세계종교사전》. 현실문화연구. 2012

· 모리세 료.《북유럽 신화 사전》. 비즈앤비즈. 2014

· M. 그랜트.《그리스 로마 신화사전》. 범우사. 2000

· 양승욱.《세상의 모든 요정이야기》. 에듀코믹스. 2006

· 윌리엄 버틀러 예이츠.《켈트의 여명》. 펭귄클래식코리아. 2008

· 윌리엄 모리스.《톨킨의 환상 서가》. 황금가지. 2005

· 이인식.《신화상상동물 백과사전》. 생각의나무. 2005

· 이종진.《러시아민담연구》. 한국외국어대학교. 2005

· 이혜정.《그림형제 독일민담》. 뮤진트리. 2010

· 장영란.《장영란의 그리스 신화》. 살림출판사. 2005

· 재클린 심슨.《유럽 신화》. 범우사. 2003

· 진 쿠퍼.《세계 문화 상징 사전》. 까치. 1994

· J. R. R. 톨킨.《호빗》. 씨앗을뿌리는사람. 2009

· 찰스 스콰이어.《켈트 신화와 전설》. 황소자리. 2009

· 최연숙.《민담 상징 무의식》. 영남대학교. 2007

· 케빈 크로슬리 홀런드.《북유럽 신화》. 현대지성. 2016

· 타임라이프.《물의 유혹》. 분홍개구리. 2005

· 타임라이프.《난쟁이》. 분홍개구리. 2005

· 타임라이프.《요정》. 분홍개구리. 2005

· 피에르 그리말.《그리스 로마 신화 사전》. 열린책들. 2003

· 필립 윌킨스.《신화와 전설》. 21세기북스. 2010

· 한재규.《귀신이여 이제 대로를 활보하라》. 북캠프. 2004

· 호르헤 루이스 보르헤스.《상상동물 이야기》. 까치. 1994

· Brian Froud. Alan Lee. Faeries Deluxe Collector's Edition. Harry N. Abrams. 2010

· Brian Froud. Good Faeries/Bad Faeries. Simon & Schuster. 1998

· Cassandra Eason. A Complete Guide to Faeries & Magical Beings. Weiser Books. 2002

· John Matthews. Brian Froud. How to See Faeries. Harry N. Abrams. 2011

· Teresa Moorey. The Fairy Bible. Sterling. 2008

존재하지 않는 것들의
세계사

초판 1쇄 인쇄 2021년 9월 13일
초판 2쇄 발행 2021년 11월 15일

지은이 양승욱
펴낸이 이효원
편집인 김효정
마케팅 박미애
디자인 박대성(표지), 달곰(본문)
펴낸곳 탐나는책
출판등록 2015년 10월 12일 제 2021-000142호
주소 경기도 고양시 덕양구 삼송로 222, 101동 305호(삼송동, 현대헤리엇)
전화 070-8279-7311 **팩스** 02-6008-0834
전자우편 tcbook@naver.com

ISBN 979-11-89550-52-3 (03900)

이 책은 저작권법에 따라 보호받는 저작물이므로 무단전재와 무단 복제를 금지하며,
이 책의 전부 또는 일부를 이용하려면 반드시 저작권자와 도서출판 탐나는책의 동의를 받아야 합니다.

* 값은 뒤표지에 있습니다.
* 잘못된 책은 구입하신 서점에서 바꾸어 드립니다.